U0905972

谨以此书庆祝中国共产党成立100周年

编 委 会

红色印记 在山西

中共山西省委党史研究院
山西广播电视台新闻广播节目中心
◆编

山西出版传媒集团
山西教育出版社

撰稿人

康熙如　常玉春　潘　虹　曹　欢　张　强

丁　玲　刘海峰　冯文娟　苏　静　王　晋

刘　灼　王海燕　纪　静　孟宇乾　方　言

柴秀丽　贾凌田　王　尧　贾保全　姜　婷

闫晓红　田慧慧　张佳佳　张裕晋　张彦丽

朱　静　朱跃蓉　翟颖頔

前言一

今年是中国共产党成立100周年。一百年来，我们党团结带领人民接续奋斗，创造了伟大历史，创造了伟大事业，铸就了伟大精神，取得了伟大成就。在中华民族发展史和人类社会进步史上写下了壮丽篇章。习近平总书记在视察山西时指出，山西也是具有光荣革命传统的地方，太行精神、吕梁精神是我们党宝贵的精神财富。这些都要充分挖掘和利用，以丰富的历史文化、红色文化资源，为山西发展提供精神动力。红色资源是我们党艰辛而辉煌奋斗历程的见证，是最宝贵的精神财富。红色血脉是中国共产党政治本色的集中体现，是新时代中国共产党人的精神力量源泉。

山西广播电视台作为全省宣传工作的主阵地，围绕主题、紧扣主线，倾力讲述中国共产党人历久弥坚的百年初心，前赴后继的奋斗历程，以精品力作深情礼赞党的丰功伟绩。新闻广播节目中心精心策划，用心制作了30集系列广播专题节目《红色印记在山西》，记者们深入红色遗址、历史遗迹和革命纪念馆，通过采访、挖掘、整理、记录，以时间为脉络，以事件为线索，用广播声音的力量生动讲述了发生在山西这块红色热土上的重大事件，展示山西早期共产党员和革命先驱为国家、为民族建立的丰功伟绩，讴歌了气贯长虹的太行精神、吕梁精神。

历史是最好的教科书。《红色印记在山西》节目具有高度的思想性和珍贵的历史价值，相信通过结集出版，会让发生在三晋大地上的红色故事得到更广泛的传播，让大家深刻认识中国共产党为国家和民族作出的伟大贡献，深刻感悟中国共产党始终不渝为人民的初心宗旨，成为党史学习教育的生动教材。节目制作过程中得到了中共山西省委党史研究院和11个市党史办领导、专家的大力支持，专家们深厚的学术功底，确保了内容的准确性和权威性，这次合作，也使双方在党史研究成果与媒体传播深度融合方面探索出一条新路。

山西广播电视台党组书记、台长

刘英魁

前言二

在庆祝中国共产党成立100周年之际，为深入开展党史学习教育，由山西省委党史研究院和山西广播电视台新闻广播节目中心共同编撰的《红色印记在山西》付印出版了。该书是在30集系列广播节目《红色印记在山西》基础上形成的，通过图文并茂的形式，以1921年至1949年期间，山西党史上的重要革命事件、重要革命人物、重要革命遗址为线索，追忆党在山西的光荣革命历史，颂扬革命先烈抛头颅洒热血、英勇奋斗的崇高奉献精神和丰功伟绩，是对山西红色资源的集中展示，同时也是运用红色资源开展好党史学习教育的有益尝试。

习近平总书记指出："在党史学习教育中，要充分运用红色资源"，"用好红色资源，传承好红色基因，把红色江山世世代代传下去"。红色资源作为一种承载了中国共产党波澜壮阔的革命史、艰苦卓绝的奋斗史、可歌可泣的英雄史的重要资源，蕴含了中国共产党人的崇高理想和坚定信念，展现了革命先辈的高尚品德，继承了中华民族的优良传统和民族精神，反映了中国人民捍卫民族独立、国家尊严的责任感和使命感，构成社会主义核心价值体系的重要内容，是世界观、人生观和价值观的鲜活教材。运用好红色资源，对于学习党史、赓续精神血脉、传承红色基因至关重要。山西红色资源丰富，在中国共产党成立初期、土地革命战争时期、全民族抗日战争时期、全国解放战争时期，山西发生了许多具有标志性、代表性的重大历史事件，产生了众多的革命故事，涌现出大量的英雄人物，培育了一系列革命精神，这些集中反映了我们党一路走来的历史实践和苦难辉煌，深刻表明了革命老区是党和人民军队的根，生动诠释了党的性质宗旨和根本政治本质，鲜明印证了中国共产党的领导是历史和人民的选择，中国特色社会主义是我们党带领人民百年奋斗历史进程中得来的，开创、坚持和发展中国特色社会主义是历史前行的必然。红色江山，热血铸就；红色基因，代代相传。我们一定要用好红色资源，传承好红色基因，赓续红色血脉，奋力书写好山西践行新时代中国特色社会主义的新篇章。

中共山西省委党史研究院院长

曹荣湘

目录

太原

大同

朔州

忻州

吕梁

阳泉

晋中

临汾

太原

TAI YUAN

中共太原支部旧址

彭真生平暨中共太原支部旧址纪念馆由太原馆——中共太原支部旧址和侯马馆——彭真故居组成。太原馆是山西省第一个党组织——中共太原支部诞生的地方，位于太原市文瀛湖畔原山西省立第一中学校内。

中共太原支部建立后，先后领导了一系列重大革命斗争，有力地推动了山西反帝反封建运动的发展，在党的历史上谱写了光辉的一页。

彭真生平暨中共太原支部旧址纪念馆

……………………

辛亥革命后，山西各地先后兴建起一批现代工矿企业，工人阶级日益壮大，为山西党组织的建立奠定了阶级基础和群众基础。同时，山西新式教育也在不断发展，到1919年，仅省城太原已有10多所中等以上学校，新型知识分子群体逐渐形成，为新思想、新文化在山西的传播提供了客观条件。

五四运动之后，在省城太原和全省各地，先进知识分子研究新思想的群众团体如雨后春笋般建立起来。这段时期，北京大学学生会负责人高君宇多次往返于北京与太原之间，传播马克思主义，开展工人运动，建立党团组织。1919年8月，在高君宇的支持和帮助下，在太原首先由山西省立第一中学校（简称省立一中）的学生王振翼等创办了传播革命新思想的刊物《平民》周刊，这个刊物为在山西传播新思想、新文化和进行共产主义启蒙教育方面，起了带头作用。

进步思想在省城大中学校的传播促成了一批进步青年的觉醒。1920年7月，高君宇回到太原，在省立一中指导成立了学习宣传社会主义的青年小组。1921年春，先后担任北京社会主义青年团书记、组织委员的高君宇，又受北京共产党早期组织负责人李大钊的派遣回到山西，着手筹建山西的社会主义青年团组织。高君宇回到太原后，多次与王振翼、贺昌、李毓棠、武灵初等进步青年座谈。5月1日，太原社会主义青年团正式成立，这是山西第一个社会主义青年团。五四运动后，马克思主义在山西的传播和太原社会主义青年团的建立，为山西党组织的建立在思想和组织上作了准备。

太原团组织成立后发起和领导了学生运动、工人运动，在斗争过程中得到了发展。1924年1月，以国共合作为基础的国民革命兴起。在中国共产党的积极参与和努力下，大革命风暴迅速席卷全国。1924年2月和5月，根据中共北京区执行委员会的指示，高君宇先后两次回到山西，着手进行中共山西党组织的建立，筹划山西国共合作事宜。

高君宇回到太原后，介绍中国社会主义青年团太原地方执行委员会（简称太原团地委）负责人潘恩溥、太原团地委委员张叔平、山西公立法政专门学校学生会负责人侯士敏入党，与早期党员李毓棠等成立了中共太原小组，这是山西的第一个党小组，李毓棠任组长。随后，又有一批青年团员转为共产党员，太原地区的党员数量明显增加。

1924年夏，高君宇受中共北京区执委和李大钊的委派，回到太原，在山西省立第一中学校内组建了山西省最早的党组织——中共太原支部，这也是我国北方地区建立较早的党组织，张叔平担任支部书记。

高君宇在建立太原党组织时带来了一份中共旅莫（莫斯科）支部会议记录。新成立的太原党支部就以旅莫支部为榜样，召开党员会议，严格组织生活，组织党员和团员到工厂中参加工人劳动，在革命斗争中经受锻炼和考验。山西党组织的建立，在山西历史上具有划时代的意义，点燃了三晋革命的星星之火，为山西人民的革命斗争找到了正确的坐标和向导，揭开了山西历史的崭新篇章。

山西共产主义先驱——高君宇

高君宇

高君宇（1896—1925），原名高尚德，字锡三，山西省静乐县峰岭底村（今属娄烦县）人，中国早期著名的政治活动家、理论家，全国最早的50多名共产党员之一，山西第一个共产党员，山西共产主义启蒙运动的先驱，中共北方党团组织的主要负责人和山西党团组织的创始人。

……………………

我是宝剑，

我是火花。

我愿生如闪电之耀亮，

我愿死如彗星之迅忽。

这是中国共产党早期领导人之一高君宇生前最喜欢的一首诗，被他的爱人石评梅镌刻在他的墓碑上。这首小诗正是高君宇短暂而光辉的人生之真实写照。

高君宇1912年考入山西省立模范中学堂，因才华出众，以“十八学士登瀛洲”而享誉省城。在太原读书期间，高君宇目睹了旧社会的黑暗，立下了革命的志向。

1916年7月，高君宇考入国立北京大学理科预科。才华出众的高君宇在这里接受了新思想的启蒙教育，很快便成为北京大学学生运动的领袖。

1919年的五四运动，高君宇是北京大学学生会的主要负责人，参与领导了北京学生反帝爱国运动，而且以北大学生驻京学联代表的身份，先后奔赴天津、太原等地指导学生爱国运动。五四运动标志着中国新民主主义革命的开端，也为中国共产党的建立作了思想上、干部上的准备。

在北京大学读书期间，高君宇在中国共产党的主要创始人之一李大钊的指导、帮助下，开始学习、研究马克思主义理论，确立了马克思主义的信仰，并成为北京大学马克思学说研究会的19名成员

1919年5月4日，高君宇作为北大学生会负责人组织学生向天安门进发。

之一。1920年10月，李大钊成立了北京共产党的早期组织——北京共产主义小组，高君宇成为首批成员。同年11月，高君宇参与创建北京社会主义青年团，当选为第一书记。高君宇是中共一大前58名党员之一，也是山西最早的共产党员。

高君宇以火一般的热情，积极投身革命活动，并驰骋南北参与各地的革命组织建立工作，成立于1921年5月1日的太原社会主义青年团就是在他的指导下建立的。1921年7、8月间，高君宇帮助太原社会主义青年团集资创办晋华书社，使其成为山西第一个传播马克思主义的据点。1922年1月，高君宇参加在莫斯科召开的远东各国共产党及民族革命团体第一次代表大会。

1922年5月，中国社会主义青年团第一次全国代表大会召开，高君宇出席大会并被选为第一届团中央执行委员会委员。7月，中国共产党第二次全国代表大会在上海召开，高君宇作为代表之一出席大会并被选为第二届中央执行委员会委员。8月，高君宇出席中共中央执行委员会在杭州西湖召开的会议（西湖会议），后任中共中央机关报《向导》周报编辑，并发起成立民权运动大同盟。

1923年2月，高君宇参加领导包括北京长辛店工人在内的京汉铁路工人大罢工，同反动军阀进行斗争。1923年6月，中国共产党第三次全国代表大会召开后，高君宇任中共中央教育宣传委员会委员，奔波于大江南北，积极促进国共合作。

1924年5月，高君宇受北京党组织的指派，在百忙之中回太原筹建共产党组织。他在省立一中介绍李毓棠、侯士敏、潘恩溥等人入党，建立了太原党小组。之后，正式建立了中共太原支部，由张叔平、傅懋恭（彭真）和纪廷梓3人负责，张叔平为第一任党支部书记。在太原，高君宇还积极促成了山西地区的国共合作。从此，山西、太原的革命斗争出现了新的局面。

1924年下半年，高君宇南下广州担任孙中山的秘书，协助孙中山工作，参与领导了沙面工人罢工和平定商团叛乱的斗争。1924年年底，高君宇陪同孙中山北上，帮助孙中山起草北上宣言，协助进行国民会议促成会的筹备工作。1925年1月，高君宇参加了在上海召开的中国共产党第四次全国代表大会。1925年3月1日，高君宇抱病参加了国民会议促成会全国代表大会，并当选为大会主席团成员。然而，正当国民会议促成会全国代表大会紧张举行时，高君宇积劳成疾，于3月6日在北京病逝，年仅29岁。

1924年，高君宇参与领导广州沙面工人反帝大罢工。图为罢工场面。

高君宇逝世后，《向导》《中国青年》和《北京大学日刊》等报刊纷纷发表悼念文章，称赞他“不仅是一个革命的实行家，也是一个革命的议论家”。高君宇同志是山西省共产主义启蒙运动的先驱和卓越的政治活动家。他毕生为共产主义事业艰苦奋斗，鞠躬尽瘁，死而后已，被誉为“中国青年革命之健将”。

山西省立第一中学校

山西省立第一中学校旧址

山西省立第一中学校是山西省城太原官办的第一所公立中学，旧址位于太原市文瀛公园湖畔，原是明清时期的山西贡院。山西贡院始建于明正统十年（1445），清光绪三十二年（1906），这里创办了山西公立中学堂。校名曾先后变更为山西晋阳中学堂、山西省立模范中学堂，于1913年更名为山西省立第一中学校，是太原市第五中学校的前身。高君宇、彭真、贺昌等早期革命进步人士均在此读书，并进行革命活动。山西省立第一中学校是山西革命的红色摇篮，是山西党团组织的诞生地，是山西传播新文化的前哨阵地。

山西省立第一中学校具有光荣的革命传统，是山西省和太原市党团组织的诞生地，在中国共产党发展史上具有十分重要的意义。一百多年前，红色革命火种在这里点燃。

五四运动时，省立一中的进步学生与其他学校的进步学生一起，开展反帝爱国运动，取得了胜利。高君宇、王振翼、贺昌、张叔平、彭真、王瀛等大批早期共产主义者和无产阶级革命家曾就读于省立一中，并从事革命活动。

1919年8月，省立一中进步青年王振翼等人在校友、五四运动北京大学学生会负责人高君宇的帮助下，创办并主编了《平民》周

省立一中原貌

刊，编辑部就设在省立一中。这是山西第一份传播马克思主义的进步刊物，也被称为“晋民喉舌”，对传播新思想、新文化，进行共产主义启蒙教育起到了积极的作用。

作为我党早期著名的政治活动家、理论家，高君宇在1921年5月回到母校，与贺昌、王振翼等发起成立了以“唤醒劳工，改造社会”为宗旨的太原社会主义青年团。这是山西建立的第一个青年团组织。到1924年夏天，高君宇受中共北方区委和李大钊的委派，在省立一中组建了太原第一个党小组，后报上级批准建立了中共太原支部。这是山西建立的第一个共产党组织，省立一中也成为中共山西党组织的摇篮。

在随后的岁月里，这里走出了一批又一批的革命先辈，革命思想在省立一中广泛传播，针对阎锡山发动的反房税斗争、纪念“一二·九”运动一周年大游行、地下党组织领导成立的学生抗日民主救国会和学生民主救国会中，都能看到省立一中师生的身影。如今，在太原市第五中学校，新生入学第一课就是参观校史馆，老师们在课堂上将课本内容和先烈事迹结合在一起的授课方式受到了学生的欢迎。

两代青年人一百年的跨越，在太原市第五中学校得到了完美的契合。革命先烈的英雄事迹将会被一代又一代的学生铭记，他们的精神也会一直被传承下去。

山西国民师范

山西省立国民师范学校

山西国民师范原为山西省立国民师范学校，始建于1919年，为全省培养了大批教师，大批进步青年在此走上革命道路。这里也成为继山西省立一中之后，山西革命活动的坚强堡垒之一，是第一次、第二次国内革命战争和抗日战争初期中国共产党在山西开展革命活动、建立抗日民族统一战线、发动群众开展抗日救亡运动的重要基地之一。在原址上成立的山西国民师范旧址革命活动纪念馆是太原市唯一保存下来的较为完整的一处革命旧址。

……………………

山西国民师范原是阎锡山创办的一所专门培养全省小学教员的师范学校，目的是通过控制小学教员来控制山西教育，进而长期统治山西。然而，学校开办不久，这里就成为中国共产党人和革命志士传播进步思想、宣传马列主义、发展党团组织的坚强阵地，成为大革命时期、土地革命战争时期和抗日战争初期中国共产党在山西重要的活动基地之一。

山西国民师范作为太原学生运动的中心，培养了一大批老一辈无产阶级革命家。特别是在日本全面发动侵华战争以后，山西国民师范成为我党在山西建立抗日民族统一战线的坚强堡垒。

1924年，山西国民师范学生梁其昌（梁卜五）、韦思恭、纪秀川（纪子中）等就秘密建立了社会主义青年团组织。1925年，山西党组织在山西国民师范创立了中国共产党国师支部，1926年又设立了中共太原地方执行委员会北部地区委员会。许多老一辈无产阶级革命家如徐向前、薄一波、程子华、李雪峰、王世英等都是在这里受到马列主义的启蒙教育，走上了革命道路。

从1928年至1936年夏，省城党组织工作已转到农村，但山西国民师范的革命活动仍在秘密地进行着，他们以左翼作家联盟、“九一八”读书会、山西互济会、红军之友社等党团外围组织播种着革命火种。1934年，在山西互济会党团书记李雪峰和红军之友社负责人刘耀夫的直接组织和领导下，全市中等以上学校开展了规模空前的反会考斗争，并成立了太原市中等学校应届毕业生同学会，发动全市学生举行游行、请愿。通过这次斗争，山西国民师范发展了一大批党员和团员，还有一大批进步青年参加了党团组织的外围学术团体。

为了遏制革命运动的发展势头，阎锡山当局决定，从1934年下半年开始，山西国民师范不再招收新生。1936年，学校被迫停办。然而，早已成为山西学生运动中心的山西国民师范，在经历了革命斗争的洗礼后，已经实现了脱胎换骨的变化，迎来了又一个崭新的历史阶段。

1936年到1937年秋，以共产党员和进步青年为主体的山西牺牲救国同盟会（简称牺盟会）在这里建立了特殊形式的抗日民族统一战线，拉开了国共第二次合作的序幕。在中共山西公开工作委员会的直接领导下，以牺盟会的名义，在山西国民师范举办了军政训练班、民训干部教练团、牺盟特派员训练班，以及由第二战区民族革命战争战地总动员委员会主办的游击干部训练班等许多抗日军政干部训练班，培养了来自全国20多个省、市及海外华侨中的进步知识青年4 500余人，其中包括一个由180多名女学员组成的女兵连，山西国民师范由此被誉为“大革命时期的黄埔军校”。周恩来、刘少奇、彭德怀、彭雪枫、周小舟等同志也曾先后到过这里，为培训班讲授抗日救国的方针、政策。

1936年9月18日，牺盟会在太原海子边召开成立大会。

随着牺盟会的组建，特别是牺盟会经过改组后，我党掌握了领导权，将其总部办公地点设在山西国民师范，山西国民师范从一所官办的学府，真正转变成了我党在山西建立的抗日民族统一战线的堡垒与中枢。这里不仅是牺盟会总部的所在地，同时也是以山西青年抗敌决死队为核心的山西新军的策源地，为促进和坚持山西乃至华北的抗日民族统一战线以及全民抗战的胜利作出了重要贡献。

在这个革命大熔炉里，一批批进步青年秘密地进入了共产党的组织，一批批地下党员又被公开地派到各地展开工作，很快就打开了山西抗日救亡工作的局面，为共产党、八路军在山西创建抗日根据地打下了坚实的基础。1937年8月1日，山西青年抗敌决死队在山西国民师范宣告成立，为创建山西新军奠定了基础，壮大了抗日武装力量。由共产党领导的山西新军在山西人民的支持下迅速成长，由1个团发展为4个纵队，到1939年已扩大到46个正规团，1939年“十二月事变”后陆续加入了八路军的序列，真正成为了人民的队伍。资料显示，在山西国民师范诞生的牺盟会和决死队中，走出了共和国80位将帅、20余位省部级领导。1940年，由牺盟会会员傅东岱和人民音乐家冼星海共同创作的抗日救亡歌曲《牺盟大合唱》，艺术化再现了牺盟会的光辉历史。

山西青年抗敌决死队臂章

从1936年9月牺盟会成立，到1937年11月太原沦陷前牺盟会撤出太原，在短短一年时间里，山西国民师范达到了历史发展的鼎盛时期。全国各地乃至海外的爱国青年从四面八方赶赴这里，加入牺盟会所属的各类抗日组织，山西国民师范在山西的抗日斗争史上写下了光辉的一页。

山西国民师范虽已成为过去，但她的历史是光辉的，她是一部播种机，把千千万万颗革命的种子，撒遍了太行之巅、汾水之滨，撒向中华大地，革命之火会代代相传。

太原平民中学

蔡元培先生手书“太原平民中学”校名

太原平民中学创办于1922年，当时学校以一流的师资、淳朴的校风、卓著的成绩，成为三晋大地久负盛名的一所私立中学。1937年，卢沟桥事变后，太原平民中学先后迁址汉中、北平等地。1994年7月，太原市平民中学校友会向山西省政府、大原市政府提出了恢复太原平民中学的申请。1995年元月，经太原市政府批准将原太原四十四中更名为太原平民中学，9月正式更名为太原平民中学。2006年8月，该校与原晋安中学合并，成立了新的平民中学。

……………………

在太原市解放路与北大街交叉口的西南角，万达广场西侧，有一条南北走向的路——平民路。

平民路的得名，可追溯至近百年前的一段历史。1922年，在五四运动的影响下，62位主张新思想、新文化的山西籍北京学子在蔡元培先生的支持下，秉承平民教育思想，提倡“教育救国”，回乡办学，创立了私立太原平民中学校（简称平民中学）。当时，平民中学享誉一时、影响甚广，不断有居民闻讯迁至学校附近，临近学校的一条路就被命名为平民路。

今天的平民中学，距平民路约1.6公里（1公里=1千米）。红色基因犹在，爱国荣校传统薪火相传。

教育救国开化人心

1922年4月3日，赵光庭、刘同、姚大海、梁永泰等62人在国立北京大学礼堂召开首次发起人大会，经过大会酝酿，决定成立“私立太原平民中学校”，并组成筹委会，通过宣言和简章。

1922年9月1日，私立太原平民中学校在太原市精营西边街正式成立，9月5日正式上课，赵光庭任第一任校长。在蔡元培先生解放妇女、男女平等等先进办学思想的影响下，平民中学成为太原市第一所男女同校的学校。

当时，学校只租到精营西边街一排民房作为校舍，翌年，又在太原西缉虎营3号租到一座较大的民房为校舍，继续扩充改进，办学初具规模。1924年8月，在太原大北门街西二道巷后营坊街买到建校基地70余亩（1亩≈666.66平方米），并于1925年起启动建校工程。到1930年年底，共建教室及学生生活用房355间，体育场地也得到逐步完善，极大地改善了办学条件，平民中学成为三晋大地培养宝贵人才的重要基地。

1925年至1937年，平民中学励精图治，教育救国，开化人心，德智体美劳群六育并重，严谨办学，学校教育教学质量名震华北。私立太原平民中学校和私立成成中学、进山中学、省立一中，被誉为当时的四所名牌中学。

从创立伊始，平民中学就把培育进步青年、造就革命干部作为学校创办的初衷，特别注重对学生进行爱国主义思想教育。平民中学建有共青团组织和共产党组织，学校一度是中国共产党培养进步青年的摇篮。

1923年9月，在太原团地委的组织下，中国社会主义青年团私立太原平民中学校支部（简称平民中学团支部）成立。此后，平民中学团支部组织学生先后参与了1924年至1925年太原各大中学校开展的以反对封建制度为内容的学潮，及1925年5月的反房税斗争。

1925年五卅惨案发生后，平民中学团支部还参与了太原市民沪案后援会以及1926年7月榆次晋华纺织厂的工人大罢工等革命运动。当时很多学子正是因为在就读期间阅读了先进书籍，从而受到革命力量的感召，加入到党的组织和战斗队伍中。

平民中学的很多学子在升入大学或进入社会后，迅速投奔了中国共产党所领导的各类组织和战斗队伍，例如赵军、张云、王立岗、贾玉慈等一大批中国共产党的优秀分子，他们奔赴祖国各地，走向新的革命征程。

平民中学名师熠熠，学子灼灼。据资料记载，抗日战争期间，平民中学师生无一人投敌变节，这既是学校教育的成功，更成为学校和国人的骄傲。

红色基因接续传承

抗日战争全面爆发后，平民中学被迫迁移，先后移址山西的徐沟、临汾、运城和陕西西安，1940年在陕西城固县复校，后于1942年暑假又迁移到汉中的南郑复校。

八度迁徙，几经辗转，直到1995年，平民中学由原太原市第四十四中学校更名复校。虽经岁月更迭，平民中学红色基因仍接续传承。

平民中学近百年的发展史，是平中人以一腔赤诚奉献于祖国和民族的爱国史，是承前启后、与时俱进、不懈奋斗攀越的创业史。平民中学的基因里有强烈的红色文化认同，红色基因得以代代传承。

2017年9月，平民中学校史馆开放。学校依托校史馆，结合校史传承，加强了师生爱国主义传统教育，围绕“勤、俭、忠、勇、亲、肃、诚”的校训，借助丰富多彩、形式新颖的革命传统教育活动，使“爱国荣校”传统在新时代得到青蓝接续，校史馆成为师生思政教育的重要基地。

平民中学校史馆中珍贵的历史文物——曾经的毕业证书

依托丰厚的校史资源，平民中学大力开展思政教育进课堂，实现了课上与课下、校内与校外、老师与学生、专业课与思政课的互通，构建起思政育人的多元渠道，充分发挥了山西省爱国主义教育基地示范作用，利用重要时间节点开展“传承红色基因”革命传统教育，让红色文化引领学生成长。

百年平中，无上荣耀。“热爱祖国，尊师重教，崇尚科学，精神传承……”如今，从平民中学的校歌中，可以听出让人振奋精神的词句；从“勤、俭、忠、勇、亲、肃、诚”的校训中，可以看到其中蕴含着的鼓舞人心的力量。新平中人肩负着敦品励学、提质发展的时代使命，继续为实现中华民族伟大复兴的中国梦接续奋进。

大同

DA TONG

龙华廿四烈士之一——何孟雄

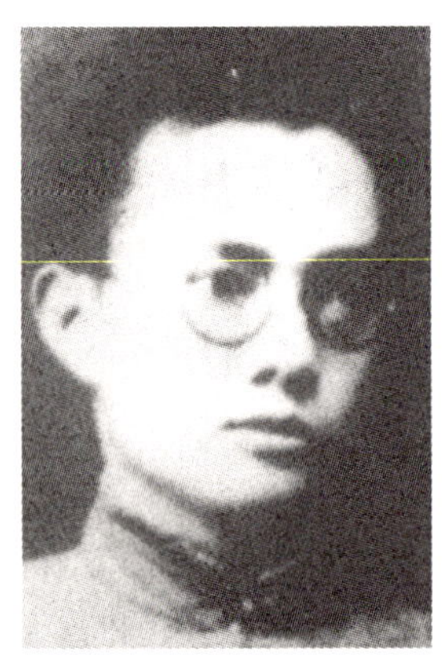

何孟雄

何孟雄（1898—1931），原名定礼，字国正，号坦如，湖南酃县（今炎陵）人。中国共产党创始人之一，北方工人运动领袖，无产阶级革命家和政治活动家。曾三次上书中共中央批判“左”倾错误，一生五次遭囚禁，坚贞不屈，在狱中的墙壁上写下“当年小吏陷江州，今日龙江作楚囚。万里投荒阿穆尔，从容莫负少年头”的著名诗篇。

……………………

何孟雄早在长沙求学期间，就与毛泽东、蔡和森相识，一起积极参加反日爱国运动，建立了革命友谊。1919年3月，何孟雄考入北京大学后，受以《新青年》为代表的新思潮的影响，积极投身五四爱国运动，参加罢课、演讲、示威等斗争，成为北京大学学生运动的重要骨干。1920年3月，在李大钊的指导和帮助下，何孟雄加入中国第一个马克思主义学说研究团体——北京大学马克思学说研究会。同年11月，他加入北京社会主义青年团和北京共产主义小组，成为坚定的马克思主义者。

1921年7月，中国共产党成立，何孟雄是全国最早的50余名党员之一。之后，北京成立了以李大钊为书记的中共北京地方委员会和以罗章龙为主任的中国劳动组合书记部北方分部。何孟雄参加了北方分部的领导工作，领导北方地区和全国各条铁路的工人运动。他受北京党组织和北方分部的委托，曾先后去南口、张家口、保定、唐山等地开展工人运动和建团建党活动。

中共一大之后，何孟雄和缪伯英在北京结婚。缪伯英是中国共产党的第一位女党员，与何孟雄在北京相识，为了共同的革命理想投身于革命事业。他们将共同拥有的书籍加盖了“伯雄藏书”字样的结婚喜章，妻名在前，夫名在后，寓意他们为共同的理想信念结合在一起。他们约定以后两个人的藏书都加盖此章，用共同收藏的书籍见证他们的爱情，见证他们的革命事业。而这样一个小小的印鉴，在那个血雨腥风、患难与共的年代见证了这对英雄夫妇生死不渝的革命爱情。

“英雄夫妻”何孟雄（右）与缪伯英

1922年初，何孟雄遵照北京党组织的指示，到京绥铁路组织工人运动，在南口、张家口等地开办工人夜校、读报组、文化补习学校，组织建立车务工人同人会等早期工会组织。同年6月，何孟雄在李大钊的推荐下，以京绥铁路“密查员”的合法身份，到京绥铁路沿线开辟党的工作，发展先进工人入党，建立党的基层组织，带领工人与反动当局进行斗争。中共二大后，何孟雄被选为中共北京地方执行委员会候补委员，被派往京绥铁路，领导京绥铁路工人的罢工斗争，筹建京绥铁路总工会。

1922年8月，在长辛店铁路工人俱乐部的领导下，300余名工人举行罢工并取得胜利。当月，在党组织的领导下，何孟雄带领京绥铁路工人发动了反对北洋军阀政府出卖京绥铁路的护路救国斗争。10月，震动全国的京绥铁路工人大罢工开始了。大同工人踊跃参加此次罢工，罢工中涌现出的大同工人运动积极分子张树珊等2人被发展为中共党员，这是大同地区的第一批中共党员。这次罢工的胜利，扩大了党的影响，巩固了原有的工会组织，使许多的工人认清了团结起来组织工会的重大意义，为建立京绥铁路总工会打下了基础。

1925年初，中共北方区执委派何孟雄到京绥铁路沿线发展党组织。5月1日，京绥铁路总工会在张家口成立，何孟雄任秘书长。同年8月，他在大同创建了中共大同铁路工人支部，发展党员7名，杨凤楼任支部书记，隶属中共张家口地方执行委员会领导。何孟雄的积极工作，使大同的工人运动和学生运动相结合，共产主义思想在大同得以广泛传播。截至1925年11月，中国社会主义青年团大同特别支部也有团员11名，何孟雄为中共大同党团组织的建立作出了重要贡献。从此，在党的领导下，大同的工人、学生运动出现了崭新的面貌，特别是声援五卅运动的斗争，将大同的革命斗争推向又一个新高潮。

1927年，因组织上的需要，缪伯英与何孟雄奉命秘密调赴上海。由于长期夜以继日地工作，加上营养不良和生活极不稳定，缪伯英的身体极为虚弱，于1929年感染伤寒，并在当年10月病逝，年仅30岁。何孟雄忍着巨大的悲痛，继续参与领导江苏各地党组织开展秘密的工农运动和武装斗争。

1931年1月，因叛徒告密，何孟雄在上海被国民党当局逮捕。在狱中，他保持了共产党员的坚定立场和崇高品格，宁死不屈，同敌人进行了坚决斗争。1931年2月7日，何孟雄与其他23位革命者一起在上海龙华英勇就义，时年33岁。

王振翼与《平民》周刊

王振翼

王振翼（1901—1931），又名仲一，字壮飞，山西省天镇县小盐厂村（今属河北省阳原县）人。1919年参加革命，1922年加入中国共产党，是中国共产党创立时期的最早成员之一，中国社会主义青年团的主要创始人之一，中共山西地方组织的主要创始人之一，中共三大、中共五大、中共六大代表。1930年被捕，1931年病逝于狱中。

……………………

1919年5月4日，北京爆发了青年学生反帝爱国的五四运动。很快，运动浪潮冲破了娘子关，席卷了晋阳大地。5月7日，省城太原的国立山西大学校、山西公立农业专门学校、山西公立商业专门学校、山西省立第一中学校、山西省立第一师范学校、太原阳兴中学等11所大中学校的3 000余名学生在文瀛公园集会，支持北京学生的爱国斗争。王振翼在这场斗争中经历了战斗的洗礼，示威游行、宣传演讲、张贴标语、鼓动群众，他都冲在最前面。

不久，在上海举行的全国学生联合会成立大会上，王振翼结识了在北京大学学习的高君宇，两人自此成为挚友。高君宇对王振翼以后的成长产生了很大影响，王振翼也成为高君宇在太原从事革命活动的得力助手。王振翼在高君宇的帮助下，大量阅读了马列主义书籍，思想上有了很大的提高。

五四运动后，社会发展风云激荡，各种新思潮层出不穷，各种新出版物应运而生。可是在山西，还没有一个类似的刊物。作为学联主要负责人之一的王振翼意识到，自己应该担负起这一责任。

1919年8月，王振翼在太原创办了山西第一份传播新思想、新文化的刊物——《平民》周刊，并亲自担任刊物主编。《平民》周刊一问世便“抱定为人民奋斗之宗旨，不断以山西实况报告世界，代人民呼号，且不断地将世界新思潮输入娘子关内，供给晋民以奋斗有效的径途”，因此，该刊也被誉为“晋民喉舌”。其间，王振翼以“虎啸”为笔名，传播新思想、新文化，揭露反动当局残酷剥削人民

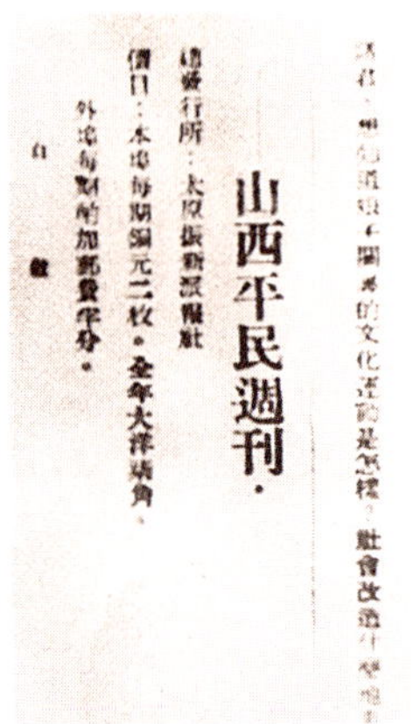
山西平民週刊·

總發行所：太原振新派報社

價目：本報每期銅元二枚。全年大洋柒角。

外埠每期酌加郵費半分。

白 啟

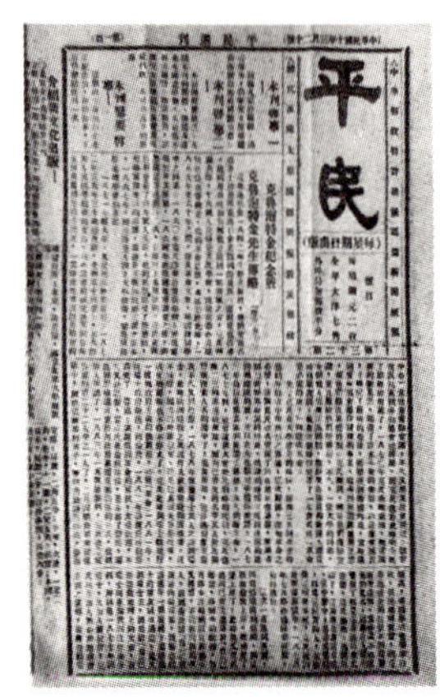
平民

《平民》周刊

的黑暗统治，反击各种反动思潮和错误观点，民众如闻惊雷，反动派闻之心惊。

1920年冬，王振翼经高君宇介绍，加入了北京共产主义小组，从此便将自己全部的身心献给了党的事业。1921年春，高君宇从北京返晋后，和王振翼、贺昌等商谈，决定仿效北京、上海的青年，建立太原社会主义青年团组织。王振翼秘密联络了太原各校的几名进步学生，作了组织上的准备。1921年5月1日，在高君宇的主持和指导下，在省立一中十三班教室，秘密成立了有7人参加的太原地区社会主义青年团，并将7人编为一组，王振翼被推举为团小组组长。

太原社会主义青年团成立后，把《平民》周刊作为青年团的机关刊物，大力宣传马克思主义和无产阶级革命的主张，揭露阎锡山的反动统治，鼓舞人民群众的革命斗志。

1921年7月，中国共产党成立。秋天，中共北京大学支部正式批准王振翼转为中国共产党党员。由于他积极从事革命活动，成为被山西阎锡山反动当局迫害的主要对象，《平民》周刊也被迫停刊。《平民》周刊作为山西最早宣传马列主义的刊物，对传播新思想、新文化，进行共产主义启蒙教育，引导山西青年走上无产阶级革命的道路，起了极其重要的作用。

此后，王振翼被派到京绥、开滦等路矿从事工人运动。1924年，王振翼被派到张家口开展党的工作。他与何孟雄创建了京绥铁路党支部，在各界工人及学生中开展党的工作。1927年，王振翼调任中共顺直省委常委、工委书记。1928年，王振翼参加党的第六次全国代表大会，被选为候补中共委员。1930年后被调入上海。

1931年2月，因叛徒出卖，王振翼被捕。被关押于北平（今北京）草岚子监狱期间，王振翼遭受到非人的摧残，于当年10月31日在狱中去世。王振翼一生中曾6次被捕入狱，但矢志不移，始终保守党的秘密，曾说："我活着就要干革命，坐牢也是为了干革命。"

平型关大捷纪念馆

平型关古称瓶形寨，明清时期称平型岭关，后改为平型关。平型关是内长城的一个关口，位于雁门关之东，今山西省繁峙县东北与灵丘县交界处，北连恒山，南接五台山，两山都是陡峻的断块山，海拔在1 500米以上，是晋北的交通障碍。两山之间是一条不太宽的地堑式低地，东通河北，西接雁门，地势险要，为历代兵家必争之地。

平型关关口遗址

平型关大捷纪念馆

1937年9月，为了配合第二战区的友军作战，八路军在平型关附近阻挡日军攻势，由第一一五师师长林彪、副师长聂荣臻指挥，充分发挥近战和山地战的特长，首次集中较大兵力对日军进行了一次成功伏击，取得首战大捷。平型关大捷纪念馆距平型关东北约5公里，由平型关大捷遗址、纪念馆、纪念碑和将帅广场等组成。展馆前的将帅广场由115级大理石台阶与纪念馆主楼相连，意在纪念战斗主力部队第一一五师。距馆东1公里的石灰岭上建有平型关大捷纪念碑，碑的正面刻有杨成武将军题写的“平型关大捷纪念碑”八个大字，背面的碑文记述了平型关大捷的战斗过程及重大意义。

……………………

1937年9月，在八路军北上抗日挺进山西之际，日军第五师团在察哈尔派遣军的配合下，沿平绥路进攻长城沿线，企图南下进攻太原，夺取山西腹地。9月21日，日军逼近平型关。为阻止日军突破平型关，阎锡山决定组织平型关防御战，并致电八路军总指挥朱德请求配合。在国共合作抗日的前提下，八路军提出了配合国民党军队驻扎在山西的晋绥军主力作战的方案：以友军坚守平型关正面，八路军第一一五师隐蔽集结于敌人前进道路的侧面，从敌人侧后方夹击进攻敌人。在朱德的指挥下，先期东渡黄河的第一一五师在师长林彪、副师长聂荣臻的率领下，于1937年9月19日至22日进抵灵丘县上寨、下关地区，隐蔽待机。9月24日，驻扎在山西灵丘县冉庄村的八路军第一一五师接到命令，冒着暴雨连夜赶往16公里外的平型关乔沟，准备伏击敌人。

平型关战役主战场——乔沟

八路军伏击地乔沟是平型关东侧的一条长约4公里的狭窄古道，宽约3到5米，仅能容一辆汽车通过，蜿蜒曲折，两侧是20多米高的陡崖，沟内没有任何藏身之地，是日军进攻平型关的必经之地，所以被确定为理想的伏击点。

9月25日，第一一五师主力六八五、六八六、六八七团在乔沟冒雨设伏。黎明时分，日军由东向西进入伏击圈内。约7时许，敌人全部进入伏击地域，由于道路狭窄，加之雨后路面泥泞，敌人行动十分缓慢。第一一五师抓住这一有利战机，居高临下，突然向日军猛烈开火，先炸翻日军的汽车和马车，堵住了敌人的道路，之后拦腰出击，将敌人分割成数段，并从尾部堵截敌人。日军先是陷入混乱，被突如其来的伏击打得晕头转向，四散躲藏，但反应过来的日军立即利用汽车和公路旁的沟渠进行反击，双方爆发激战。手榴弹、机枪、迫击炮声此起彼伏，山沟里硝烟弥漫。战士们前赴后继冲上公路，巨大的冲杀声震撼山谷。敌人东奔西窜，战马嘶鸣。

八路军在平型关伏击日军

八路军的武器差，射程短，冲锋号几乎没断音，战士们挥起大刀和日军搏斗，那首著名的抗战歌曲《大刀向鬼子头上砍去》就出自这里。日军单兵作战的顽强大大超出了我军的预期，许多身经百战的老战士也是第一次经历这么激烈的战斗。经过6个多小时的殊死血战，最终日军除少数逃走外，其余全部被我军击毙。此战共歼敌1 000余人，击毁日军汽车100余辆、马车200余辆，缴获大量辎重和武器。同日，第一一五师直属独立团在灵丘腰站、驿马岭也胜利地完成了阻击增援敌人的任务，毙敌400余人，创造了抗日战场上中国军队以少胜多的模范战例。

平型关大捷是全国抗战以来中国军队取得的第一次大胜利，粉碎了“日本皇军不可战胜”的神话，大大振奋了中华民族的士气，鼓舞了全国人民团结抗战的信心，提高了共产党和八路军的威望，也坚定了全国人民抗战到底的决心，对华北战局和全国抗战形势产生了深远影响，在中共中央党史、中国抗日战争史和中国人民解放军战争史上写下了光辉的一页。“首战平型关，威名天下扬”，平型关大捷也因此被写进了《八路军军歌》。

雁北敌后抗日根据地

雁北地区位于雁门关外，古长城以南，同蒲铁路以西，北接绥蒙，东连晋察冀边区，辖左云、右玉、山阴、怀仁、平鲁、朔县（今朔州市朔城区）和大同的一部分。晋西北是中共中央所在地陕甘宁边区的门户，雁北地区则是这一门户的屏障，也是中共中央和晋绥边区联系绥蒙的通道，在对日作战和保卫陕甘宁边区方面有着极为重要的战略作用。

图为山阴县猴岭山上的广武长城遗址，向北望即为辽阔的雁北大地。

……………………

1937年，由于国民党的不抵抗政策，日军很快占领了雁北西部的主要城镇，企图侵占山西并以山西作为华北作战的补给基地。9月，平型关大捷后，八路军遵照党中央的指示分别进入北同蒲铁路东、西部地区，组成大批武装工作团，深入到大同地区各县区广大农村，发动群众，组织武装，与大同地方党组织团结一致，协同作战，开始了军民共创敌后抗日根据地的英勇斗争。此后，大同地区便以北同蒲铁路为界，分属于晋察冀抗日根据地和晋绥抗日根据地。

在大同东部地区，1937年10月，八路军第一一五师杨成武独立团创建了以蔚县（今属河北省）、浑源、广灵、灵丘四县为中心的雁北察南抗日根据地。11月7日，晋察冀军区建立。11月13日，中共中央在晋察冀成立了第一、二、三、四军分区及与之相应的中共分区特别委员会，晋察冀一分区、二分区分辖灵丘、广灵、浑源等县。由于地方党组织和军事领导机构的建立，雁北东部各级党组织以及党领导下的县区政权、群众组织和地方抗日武装得到了迅速发展。1938年，八路军第一二〇师三五九旅转战于灵丘、广灵、浑源一带，配合晋察冀军区开辟了桑干河西岸抗日根据地。到1938年年底，在雁北东部终于形成了以北岳恒山为依托的敌后抗日根据地。

在大同西部地区，1937年9月，牺盟会雁北战时工作委员会及牺盟会雁北游击司令部成立，领导北同蒲铁路以西大同地区各县的抗日斗争。9月28日，八路军第一二〇师三五八旅七一六团团长宋时轮率该团二营骨干，组成了一支900余人的雁北支队（简称宋支

当时晋察冀军区联系这四个军分区的通讯方式，基本上靠的是电报往来；而各军分区自己内部则是依靠从日军那里缴获的有线电话。图为1941年，袭击涞源日伪军的晋察冀一分区一团的通讯兵。

队）北出长城，到雁门关以北敌后打游击，迟滞日军向神池、宁武的进攻，以拖住日军后腿。

宋支队在雁北敌后广泛开展游击战，打得日军惊恐不安。为了巩固后方，确保交通运输线安全，日军多次集中兵力向宋支队实施大规模的“围剿”，均以失败告终。从1937年10月到1938年5月，宋支队同日军进行大小战斗百余次，击毁日军汽车390余辆，歼灭日军2 000余人，缴获各种武器1 000余支（挺）。支队自身也得到扩建，由最初的5个连扩建为3个营、1个骑兵大队、8个挺进队，总兵力达2 000余人。宋支队成功地在极短的时间内创造了持久抗战的根据地，在补充自身的同时，多次粉碎了敌人的进攻。

至1938年年底，我党在雁北西部各县先后建立了县委（工委），各级牺盟会组织和政权性质的战地动员委员会以及地方武装普遍建立，工、农、青、妇救国会等抗日群众组织纷纷成立并不断巩固加强。雁北西部军民在党的领导下，终于创建了以洪涛山为依托的敌后抗日根据地。

在1938年粉碎日寇对晋察冀根据地北岳区的大围攻中，八路军主力部队活动在雁北、察南的崇山峻岭中。

朔州

SHUO ZHOU

生如奔雷响夜空——曹汝谦

曹汝谦

曹汝谦（1905—1929），山西应县人，原名儒谦，字效公。1920年加入中国社会主义青年团，1922年加入中国共产党。1925年参加东征和广州平叛战役。1927年大革命失败后前往郑州做地下工作。1929年在河南卫辉地区组织成立了300余人的河南义勇军，任司令员兼政治委员，在发动起义前被敌人袭击，被捕后英勇就义。

……………………

在中国共产党为争取民族独立和人民解放的艰苦斗争中，千千万万革命烈士坚守初心、前仆后继，用鲜血和生命谱写了壮丽的人生乐章。他们像滚滚奔雷，撕破黑暗夜空，奏响了迎接新中国黎明的最强音。

曹汝谦，就是建党初期坚贞共产主义战士的杰出代表。

1905年出生于山西应县的曹汝谦从小聪明伶俐，学习成绩优异，12岁时考入应县第一高小。曹汝谦的舅父郑业和郑绩同在北京大学上学，与高君宇是同学。他们在陈独秀和李大钊的影响下，成为新文化运动和五四运动的先驱。曹汝谦受到两位舅父的影响，开始接受无产阶级的革命思想。

1920年，曹汝谦考入大同省立第三师范学校，并经舅父郑业的介绍加入了北京的中国社会主义青年团，积极发展身边的同学加入青年团。他很快发展了几位思想进步的同学加入青年团，组成了雁北第一个社会主义青年团小组。但大同统治当局对于曹汝谦的革命活动深感不安，几次指示学校将其开除。曹汝谦被开除后，考入太原平民中学，并成为平民中学社会主义青年团的负责人。曹汝谦的革命活动行为让平民中学的校长惊恐万分，1922年曹汝谦又被校方开除了。

就在这一年，曹汝谦经高君宇介绍加入了中国共产党，并随后者前往北京，在中共中央机关报《向导》周刊发行部工作，机智勇敢地将《向导》发往各地，不曾出过差错。

1924年夏，根据党的指示，曹汝谦随高君宇南下广州，准备报考黄埔军校。此时的广州革命斗争热潮风起云涌，轰轰烈烈的沙面工人大罢工如火如荼，两人听从安排参加了大罢工的组织工作。罢工胜利后，曹汝谦被分到中共广东区执行委员会（因领导广东、广西两省的党组织，故又称两广区委），结识了时任两广区委委员长的周恩来，并在平定商团叛乱的战斗中表现出色，深得周恩来的赏识。后来，在中国共产党直接创建并领导的第一支革命武装——建国陆海军大元帅府铁甲车队中担任政治教官，成为骨干成员。此时，曹汝谦年仅19岁。

1925年东征开始后，曹汝谦率领铁甲车队第三排作为东征的先锋部队，攻破敌人的一道道防线，控制了广九铁路，确保东征军迅速东进，打败了军阀陈炯明。之后，曹汝谦任鄂军总指挥何成浚部少

建国陆海军大元帅府铁甲车队

将政治部主任，次年根据党的指示，在国民革命军第一军第二十师第七团任党代表。1926年3月中山舰事件之后，蒋介石驱逐第一军中的共产党员，曹汝谦转而离开第一军，随周恩来到上海做地下工作。

第一次大革命失败后，曹汝谦于1928年春按照中央指示前往北平做秘密兵运工作，之后又前往郑州做地下工作，公开身份为何成浚部总参议兼军需处长。

1929年9月，按照党的指示，曹汝谦化名曹谦，来到卫辉府西南的贺生屯，成立了河南义勇军，任司令员兼政委，准备于年关期间发动武装起义，建立工农红军。此时，国民党豫北警备司令张万庆探知曹谦即是早已被蒋介石通缉在案的曹汝谦，于1929年11月30日凌晨率军包围卫辉县城，激战至黎明。为掩护司令部人员突围，曹汝谦不幸被捕。面对敌人的威逼利诱与严刑拷打，曹汝谦守口如瓶，宁死不屈。穷凶极恶的敌人凶残地砍下曹汝谦的头颅，抛入卫河。浩浩荡荡的卫河水发出愤怒的吼声，载着烈士的头颅流向远方……

1987年5月25日，曹汝谦烈士纪念碑在应县革命烈士塔院落成揭碑，曹汝谦生前战友徐向前亲笔题写“曹汝谦烈士纪念碑”。

李林烈士陵园

李　林

李林烈士陵园前身为平鲁县烈士陵园，位于山西省朔州市平鲁区的井坪镇，著名抗日民族女英雄、归国华侨李林就壮烈牺牲在这里。

李林烈士陵园包括李林烈士事迹陈列室、平鲁革命斗争史纪念馆、纪念广场和墓区广场。革命烈士纪念碑高高矗立在烈士陵园正中，方形殿顶，坚固挺拔，高19.40米，象征着李林牺牲于1940年。纪念碑正面镌刻着“为国牺牲，永垂不朽”八个大字，在阳光的辉映下，刚劲有力，熠熠生辉。纪念广场矗立着李林烈士青铜骑马像，高2.25米，李林骑在腾空而起的马背上，一手挽缰，一手提枪，双目远视，英姿飒爽，栩栩如生。

……………………

李林，原名李秀若，1915年出生于福建龙溪，幼年随养父母侨居印度尼西亚，1929年回国求学于福建集美中学。1933年，李林进入上海爱国女中，以“甘愿征战血染衣，不平倭寇誓不休”的誓言，积极参加了学生抗日救亡运动。1936年，李林考入北平国民大学政治经济系，来到抗日救亡运动的中心北平。在这里，她如饥似渴地阅读马列主义书籍，积极参加各种抗日救亡运动，并加入了中国共产党外围组织中华民族解放先锋队。12月12日，北平学联为抗议国民党政府在上海逮捕救国会“七君子”事件，组织了一次大规模的示威游行。李林担任北平民国大学游行队伍的旗手，面对警察的暴力阻拦，坚决护旗不倒。1936年年底，李林加入了中国共产党，投笔从戎，并响应中共北平市委的号召，奔赴太原参加山西牺牲救国同盟会举办的山西国民师范军政训练班，接受军事训练，任特别委员会宣传委员兼女子第十一连党支部书记。

1937年卢沟桥事变爆发后，李林被派到大同，任牺盟会大同中心区委宣传部部长，后随晋绥边区工作委员会来到雁北抗日前线，宣传并组织民众参加抗日武装。1938年春，李林担任独立支队骑兵营教导员，率部驰骋雁北与日伪军作战，勇敢机智，屡建战功。

李林长期活动于平鲁境内，转战长城内外。曾以田成村夺马、麦胡破敌、偏关城杀奸、夜袭红沙坝、奇袭岱岳镇等传奇式的故事名扬当地，成为晋绥边区能征善战的巾帼英雄。她的英名使敌人闻风丧胆，敌人曾以五千银圆悬赏要李林首级，但未能得逞。

1939年，李林（前排右一）与战友在一起

1940年4月，日伪军集中1.2万兵力，对晋绥边区进行“扫荡”。26日，在平鲁县东部东平太村南反“扫荡”战斗中，为掩护机关及群众转移，李林一马当先带领骑兵连勇猛杀敌，有意将敌人的火力引向自己一边。战友成功突围，李林自己却被敌人包围，身负重伤。见突围无望，为了不被敌人俘虏，李林将最后一颗子弹射向自己，壮烈殉国，当时她已怀有3个月的身孕。

把生的希望留给战友，把终结生命的子弹留给自己，李林用自己的生命，诠释了当年的初心“甘愿征战血染衣，不平倭寇誓不休”。2009年，李林被评为“100位为新中国成立作出突出贡献的英雄模范人物”。

塞北革命烈士陵园

塞北革命烈士陵园内的塞北人民英雄纪念碑碑身高19.46米，月台四面共设6个台阶口，各17步台阶，寓意朔县1946年6月17日解放。

塞北革命烈士陵园位于朔州市朔城区西关万亩金沙森林公园，是雁门关外著名的烈士陵园之一。陵园坐北向南，中轴线上的主体建筑从南到北依次是大门、碑前广场、塞北人民英雄纪念碑、馆前广场、塞北革命纪念馆，东西两侧为烈士公墓（或衣冠冢）。许多为党的事业英勇献身的朔州籍革命烈士在这里长眠，其中就有朔州早期的共产党员——罗绣和高程云。

……………………

罗绣是朔县人，1919年考入省立一中。读书期间，罗绣结识了共产党员王振翼、贺昌等人，并加入了青年学会，参与了《新青年》杂志的发行工作。1922年，罗绣加入了中国社会主义青年团，从此开始了他的革命生涯。当时的省立一中还是一个思想比较封闭的学校，校长魏日靖把学生的进步活动看作是“不轨”行为，横加干涉。1922年，在中国社会主义青年团的领导下，省立一中掀起了大规模的反对校长魏日靖的罢课运动。这次罢课运动是继五四运动之后，山西又一次大规模的反封建反压迫斗争，其直接领导人之一就是罗绣。

1924年，罗绣考入北平政法大学。在校期间，他不仅刻苦学习政法知识，研究马列主义，而且还广泛接触社会，积极从事革命活动。1926年，罗绣加入了中国共产党。按照党支部的指示，他负责北京市党的地下交通工作。1927年，在中共北京市委组织的武装起义中，因叛徒告密，罗绣等一批共产党员被捕。罗绣入狱后，军阀张作霖对他进行了提审，要他供出北京地下党组织的情况，他严守党的秘密，拒不招供，表现了一个共产党员宁死不屈的坚强斗志。1927年12月初，罗绣和其他12名革命战士被北京反动当局用卡车拉出安定门外杀害，罗绣牺牲时年仅27岁。

高程云是朔县东榆林村人，1921年考入省立一中。1923年，他参加了学校的进步组织青年学会，进行反帝反封建的革命活动。1927年6月，高程云加入了中国共产党，同年秋考入国立北京农业大学（后改为北平大学农学院）。就读期间，他参与了大学进步组织主办的期刊的编辑工作，宣传革命思想，传播马列主义。1929年，高程云赴日本留学，后因日本政府逮捕进步留学生而回国，回国后他在国立北平大学农学院农业经济系继续学习。

1931年，“九一八”事变后，高程云积极参加反对日本帝国主义的爱国运动。1931年至1932年，由于反动当局疯狂镇压革命运动，学校党支部与上级失去了联系。在这种情况下，高程云仍然积极参加支部组织的马列主义读书活动和有关社团活动，被反动当局列为缉拿对象之一。1933年，他投笔从戎，参加了察哈尔抗日同盟军，在张家口一带进行抗日活动。1933年9月，抗日同盟军失败，高程云再次回到国立北平大学学习。

1937年，抗日战争全面爆发后，高程云参加了党领导下的人民军队，直接投身到武装抗日斗争的行列。在1940年的百团大战中，高程云英勇奋战，不幸牺牲，时年35岁。

罗绣和高程云都是朔县早期共产党员，两人都曾考入山西省立第一中学校，接受了革命的熏陶，追求真理和信仰，为共产主义事业奋斗终生。1989年，北京市崇文区政府正式追认罗绣为革命烈士。1990年，山西省人民政府正式追认高程云为革命烈士。

王老沟战斗遗址

王老沟战斗遗址

王老沟是山西省朔州市山阴县的一个小山村，村中有一条土沟，宽十余米，深四五米。田间地头抽烟喝水的耕作间歇，村民们还常常提起发生在这里的一场战斗：“八路军真是英雄，用大刀砍下了敌人的大炮。”抗日战争时期，王老沟一带为我军敌后抗日根据地。1939年6月，一场惊心动魄的战斗就发生在这里。

……………………

1939年6月13日，八路军第一二〇师独立第二旅警备六团在岚县经过三个月整训，奉命北上雁北。21日，警备六团行至右玉地区，接到上级通报：岱岳镇出动了200多名日伪军，企图袭击晋绥边牺盟工作委员会。情况紧急，团部立即召集营连干部开会，分析行军路线，确定战斗方案。全团急速出动，计划在王老沟歼灭敌人。

22日，警备六团与日伪军遭遇，团部果断下达作战指令：一营留在沟口正面阻击敌人，二营、三营抢占王老沟山头制高点，压制敌人。战斗异常激烈，为了给抢占山头的二营和三营缓解压力，一营官兵与敌人分卧在相距30米的开阔地上互相射击，死死拖住了敌人。

二营、三营快速抢占了王老沟山头，构筑起简易工事。敌人组织火力发动进攻，炮击我方简易阵地，暴露在山顶的战士无法躲

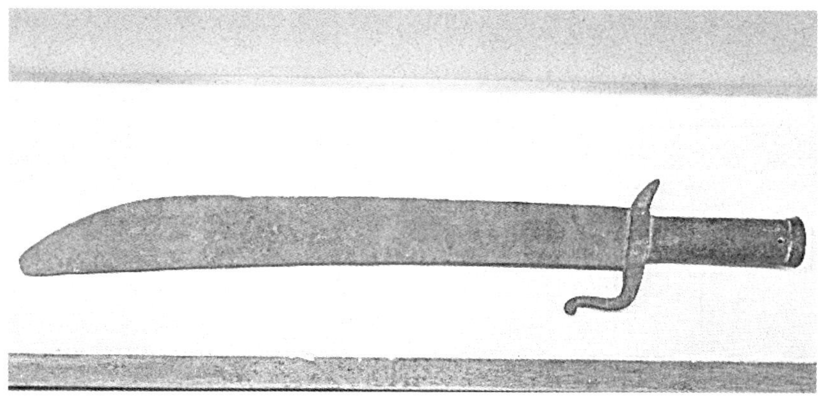

这把锈迹斑斑的大刀，见证了八路军第一二〇师独立第二旅警备六团与敌人的殊死搏斗。我军战士在弹药耗尽的情况下，用大刀歼灭日伪军百余人，缴获了冲锋枪、山炮、手榴弹等大量武器装备和军用物资。

藏，二营营长白兴元、代理教导员王金相相继壮烈牺牲。面对武器装备占有绝对优势的敌人，警备六团的战士们没有丝毫退缩，始终坚守阵地。

数十分钟后，敌人见山头已被削去不少，山上也安静下来，以为我军已全部被消灭，又组织人员往山上冲。此时，山上我军人员伤亡很大，弹药也已消耗殆尽，但战士们毫不畏惧，挥起大刀，向敌人扑去，与敌人展开了肉搏。

山下的敌人见状，为掩护山上的敌人撤退，向暴露在半山腰的二营、三营射击。一营见状，急于援助二营和三营，也挺着刺刀从地上跃起，冒着敌人的枪林弹雨冲向敌群，与敌人展开了殊死搏斗。

这一仗，一直从中午打到了晚上，激战8个多小时，我军毙伤敌军190余人，仅有十余人趁夜色逃脱。

这次战斗中，警备六团的战士在弹药消耗殆尽的情况下，举起大刀，发扬狭路相逢勇者胜的无畏精神，以少胜多，缴获了敌人的所有机枪和山炮，为进一步巩固和扩大敌后抗日根据奠定了基础。

忻州

XIN　ZHOU

崞县中学刘葆粹

崞阳古城

崞县即现今的崞阳镇，1958年崞县政府搬至现在的原平，崞县撤县为镇。崞县中学，原平革命斗争的摇篮，其前身是兴办于1904年的崞县高等小学堂，1912年扩为崞阳中学，后更名为崞县中学，现为原平市第二中学，崞县古县衙、慈禧太后逃往西安时住过的龙王宫等旧址都在此地。

刘葆粹又名刘复华，1905年生，原平市崖底村人，忻州市第一个中共党员。1924年考入崞县中学，就读期间，加入读书会、协进社等进步组织，组织学生社团，阅读进步书刊，传播革命思想。1926年5月加入中国共产党。同年8月，与冯汉英、曹景刿创建了崞县第一个党组织，也是忻州地区第一个党组织——中共崞县中学支部，并任支部书记。先后介绍李兴唐（黎玉）、李三楼、李毓珍、白玉堂、白玉章等5名学生加入党组织。1927年7月毕业离校，考入国民革命军西北陆军军官学校，1930年参加冯玉祥的西北军，不久，在蒋冯战争中阵亡，年仅26岁。

……………………

1919年五四运动期间，崞县中学的进步学生率先举行罢课、游行示威，声援北京学生的反帝爱国运动，揭开了忻州地区学生反帝爱国运动的序幕。1925年6月，上海五卅惨案发生后，崞县中学、代县师范（省立第五师范）、五台川至中学的进步学生分别举行罢课、游行，进行声援。崞县中学学生刘葆粹、冯汉英、李兴唐等发起五卅惨案后援会，组织崞县中学学生列队上街举行游行示威，并下乡宣传动员群众，声援上海工人的罢工运动。

1925年8月，刘葆粹联合樊炳星、冯汉英等发起协进社，组织学生阅读进步书刊，李兴唐等组织成立读书会（1932年更名为科学研究社），阅读和探讨陈独秀、李大钊、胡适和鲁迅的著作，以及《新青年》《向导》等刊物。他们将学习心得在学生创办的黑板报上登载，引起了全校师生的关注。

1926年5月30日，崞县中学学生会主席刘葆粹代表崞县中学学联会出席山西省各界民众纪念五卅运动一周年大会。参会期间，刘葆粹向大会组织者之一、中共太原地方执行委员会成员王瀛介绍了崞县中学学生成立协进社、读书会，创办《撼阴非常刊》等的情况，并表达了崞县中学学生要求加入中国共产党的愿望。王瀛对崞县中学学生的革命热情予以充分肯定，详细询问了刘葆粹的身世、社会关系和对共产党的认识等情况。6月初，刘葆粹在太原经王瀛介绍加入了中国共产党，成为党在忻州发展的第一个党员。

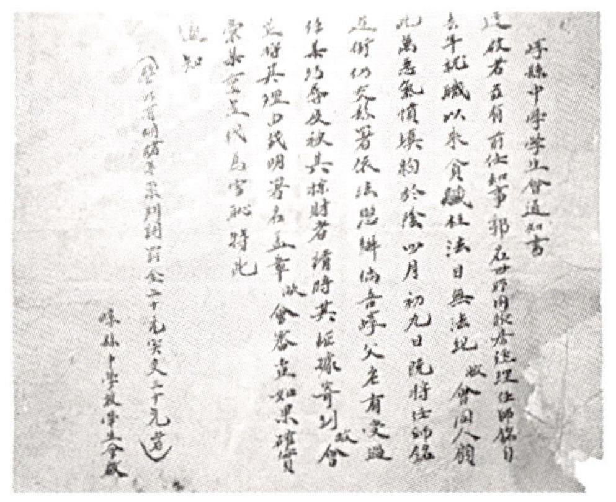
崞縣中學學生會通知書

民国时期，受五四运动的影响，崞县中学多次发生由学生会领导的学生运动，宣扬马克思主义思想。图为1926年崞县中学学生会会长刘葆粹起草的准备组织全县人民游行批斗贪官的文告。

1926年6月上旬，纪念五卅运动一周年大会结束后，在太原入党的刘葆粹回到崞县中学，按照中共太原地方执行委员会关于“在崞县发展党员，建立党组织”的指示，同冯汉英一起秘密开展建党活动。8月，刘葆粹介绍崞县中学学生曹景刿加入党组织后，成立了中共崞县中学支部，翌年改名为中共崞县特别支部。这是忻州第一个中共党支部，即第一个党组织，支部由刘葆粹任书记，冯汉英任组织干事，曹景刿任宣传干事，属中共太原地方执行委员会领导。此时，支部处于秘密状态，工作重点是在学生中培养和发展党员，开展革命活动。支部在学生中先后发展了李兴唐、李三楼、李毓珍、白玉堂、白玉章等5人加入中国共产党，同时接纳张灵轩、郭汝璞、陈志忠、贾荣宗、刘宣红、张国权等6人为中国共产主义青年团团员，与支部一起过组织生活，进行革命活动。11月，支部同中共太原地方执行委员会取得联系，相互通信均用代号，太原地方执行委员会的代号为“晋泰和”，崞县中学支部的代号为“郭志信”，来往信件传递信息皆以商务活动的暗语表达。崞县中学支部常以领取包裹、邮件等方式，收取中共北方局编印出版的《政治生活》《柏林》等党内刊物。

1927年7月，刘葆粹毕业离校，李兴唐接任书记。1928年3月，李兴唐等8名党员被捕，支部停止活动。

南茹村八路军总部

南茹村八路军总部旧址

南茹村八路军总部旧址位于山西省忻州市五台县茹村乡南茹村南山脚下，院子坐南朝北，是一座四面瓦房的四合院，总部办公室设在南房。这里距五台县城东15公里，四面高山环抱，中间地带平坦宽阔，阁子岭、汉岭、石沟三个垭口通道可通向四面八方，是一个进退自如的军事战略要地。1937年全面抗战爆发后，八路军总部在南茹村驻扎一个多月，是八路军在抗日前线的第一个总部所在地，完成了具有重大战略意义的多项决策和工作。

……………………

1937年7月7日，日本侵略者在继侵占我国东北三省和热河、冀东后，突然向位于北平城西南卢沟桥附近的中国军队发动进攻，挑起全面侵华战争，中华民族面临着亡国的危险。在这生死存亡的紧要关头，中国共产党顾全大局，极力促成了第二次国共合作，建立了抗日民族统一战线。

1937年8月，中国工农红军改编为国民革命军第八路军，并迅速东渡黄河，奔赴山西抗日战场。9月15日，八路军总部由陕西韩城芝川镇东渡黄河，开赴抗日前线的第一个驻扎地。9月21日，部队到达五台县河边村（今属定襄县），次日到达五台县城。9月23日，八路军总部进驻五台县南茹村。

1937年8月底至9月30日，八路军主力先后由陕西省富平县前往韩城地区东渡黄河，挺进华北抗日前线。

南茹村位于五台山脚下的茹湖盆地，距五台县城东15公里。茹湖盆地曾经是湖泊，有“茹湖落雁”之美誉。八路军总部之所以选择在这里，是因为这里不但背靠五台山山脉，在战略上有较大的回旋余地，而且远离太原，不受国民党第二战区司令长官阎锡山的干扰，便于独立自主地指挥八路军作战。八路军总部设在南茹村南山脚下金凤瑞家的大宅院里，地势较高，便于观察和转移。

总部进驻南茹村的第三天，也就是9月25日，颁发了《关于动员和组织群众发展游击战争的指示》，全面部署了我军发动群众开展游击战争的工作。抗战期间，我党在敌后发动和组织群众、开展游击战争的做法，基本上都是按照八路军总部这一指示精神进行的。

八路军总部在南茹村共驻扎了36天，这期间，总部指挥第一一五师在平型关首战告捷，取得了八路军出师以来的第一个大胜仗；第一二九师为配合忻口战役，在当地群众的协助下，取得了夜袭阳明堡日军机场的胜利。

1937年10月28日，因战事变化，八路军总部离开南茹村南移太行山区。南茹村是八路军总部抗日出征后的第一个驻扎地，也是由“北上”改为“南移”的折返地，开创了华北抗战的新局面，也为抗战后期的战略反攻奠定了基础。

阳明堡飞机场

阳明堡飞机场遗址纪念碑

阳明堡位于山西省忻州市代县县城以西9公里处，雁门关下，滹沱河畔，是代县的西大门。原飞机场位于阳明堡镇西南，东至泊水村西，西至原平市下班政村东，东北至小茹解村南，南至小寨村北，占地2 000多亩。该机场原为阎锡山统治时期山西省政府筹款初建，日军占领代县后，经过抢修扩建，成为日军的军用机场。

夜袭阳明堡是抗日战争期间为配合忻口战役，我军在山西袭击日军飞机场的一次战斗，是继平型关大捷、雁门关伏击战之后又一次重大胜利，这是一场举世闻名的战役。

……………………

1937年10月，日军进攻忻口的地面部队和后勤补给不断受阻，只得借助空军，由位于代县西南的阳明堡机场频繁出动飞机，加强空中轰炸和运输力量。当时，八路军第一二九师以陈锡联为团长的七六九团奉命插入日军后方，执行牵制敌军的任务。

10月16日，该团进至阳明堡村以南滹沱河东岸的苏龙口村、刘家庄村后，发现日军飞机由滹沱河两岸不断起降。七六九团经侦察获悉，日军机场位于阳明堡镇西南侧，泊水、下班政、小茹解、小寨4村之间；机场内的日军警卫分队约有200人，敌机24架，呈3列停放，每列8架；白天飞机起飞去忻口、太原轰炸，晚上全部返回机场；飞机集中排列在警卫部队的东南侧，防御工事粗糙，警戒较为疏忽。据此，七六九团团长陈锡联、副团长汪乃贵决定以速战速决的手段，夜袭阳明堡飞机场，并作出了以三营为突击队，二营为预备队，一营破坏周边公路、桥梁，阻击可能增援之敌的战斗部署。团指挥所设于苏龙口村北侧。

10月19日黄昏，部队开始行动。在当地群众的协助下，三营偷渡滹沱河，以九连警戒阳明堡之敌；十连、十一连和机枪连组成突击队，从东西两侧隐蔽进入机场；十二连为预备队。三营营长赵崇德带人绕过了敌人外围的岗哨，钻过铁丝网后与日军哨兵遭遇，十连、十一连遂按预定方案，向日军展开猛烈的火力袭击。十连很快消灭了部分日军警卫，十一连则用机关枪、手榴弹向飞机猛烈袭击。战斗到最后时刻，敌我展开白刃格斗，营长赵崇德在指挥战斗时不幸被子弹击中，献出了宝贵的生命。经过一个多小时的激烈战斗，日军飞机被全部摧毁。当驻守在阳明堡的日军香月师团乘车赶来增援时，我军已撤出战斗，轻松凯旋。

在这次战斗中，我军共歼灭日军100余人，摧毁飞机24架，极大地削弱了日军的空中力量，有力地支援了忻口会战，打击了日军的嚣张气焰，鼓舞了抗日军民的斗志。

被炸毁的日军飞机

雁门关伏击战遗址

雁门关位于山西省忻州市代县县城以北约20公里处的雁门山中，是长城上的重要关隘。它与西邻的宁武关、偏头关（今偏关）合称雁门三关，也称外三关，与河北境内的内三关（倒马关、紫荆关、居庸关）呼应，为历代戍守重地。

雁门关依山傍险，高踞于雁门山之上。雁门关围城随山势而建，周长约5公里。雁门古道全长约20公里，北通塞外高原，南接中原腹地，盘旋幽曲，穿城而过，异常险要，为商家营输之必经，行人往来之通衢。图为雁门关关口。

1937年10月，八路军第一二〇师三五八旅挺进到宁武、神池一带，在敌后发动群众，开展游击战争。雁门关伏击战是三五八旅在抗日前线与日军打的第一仗。图为雁门关伏击战遗址。

雁门关伏击战遗址位于雁门关下，黑石头沟与太同公路（现国道208线）交会处以南区域，西侧为山地，东侧是七里河河槽，太同公路依西侧山地而修。雁门关伏击战是抗日战争时期八路军第一二〇师三五八旅七一六团在黑石头沟公路两侧对日军汽车运输队进行的一场伏击战斗，是继平型关大捷后八路军打的又一个较大的胜仗。此次战斗，八路军毙伤日军500余人，毁敌汽车数十辆，切断了日军由大同经雁门关至忻口的后方补给线，有力地支援了国民党友军的防御作战。

……………………

1937年9月底，日本关东军察哈尔兵团突破国民党军内长城防线，直接威胁雁门关、平型关侧后方。时任国民党第二战区司令长官的阎锡山于9月30日决定放弃平型关，退守忻口，利用既设工事与日军决战，保卫太原。10月1日，日军下达攻占太原作战计划，由西进的第五师团主力，配属南下的关东军，在代县附近集结，首先进行晋北作战，突破忻口防线，进而攻占太原。此举政治目的大于军事目的，日军在档案中坦言："攻占太原的政治价值在于打击山西共产党军队，打破南京政府依赖苏联援助的幻想，从而对战局产生重大影响。"

忻口的地理位置非常重要，是太原北部的最后一道屏障，不容有失。为此，蒋介石下令第一战区第十四集团军总司令卫立煌率国民党中央军由石家庄经太原星夜驰援忻口，组织开展忻口会战。

原。图为中国军队不分昼夜向忻口推进，以堵截南下的日军。

10月上旬，平型关、雁门关一线相继被日军突破，特别是雁门关，已成为日军南侵所用弹药、物资的一条重要补给线，几乎每天都有大批日军汽车在雁门关南来北往通过。为配合忻口战役，截断日军的这条重要交通线，八路军第一二〇师师部决定，于雁门关地区设伏日军，狠狠打击敌人的嚣张气焰，并给三五八旅的七一六团下达了战斗命令。

七一六团领到战斗任务后，由团长贺炳炎、政委廖汉生带领全团立即从神池出发，日夜兼程向雁门关方向前进。经过三天的行军，全团在雁门关10多里（1里=500米）外的老窝村驻下。随即，贺炳炎、廖汉生一面派出侦察员了解敌情，掌握日军运输车队的行动规律，一面带领营、连干部深入到雁门关处查看地形，选择设伏的险要地段，并给各营、连、排具体部署了战斗任务。

10月18日，七一六团主力在贺炳炎、廖汉生的指挥下，埋伏于雁门关以南黑石头沟公路的两侧高地。上午10时许，日军数十辆军车满载兵员弹药，由北向南驶入八路军伏击圈，七一六团立即以密集的火力进行袭击。激战中，日军又有200余辆汽车由阳明堡方向赶来增援，七一六团立即分出一部分兵力阻击该敌。激战至夜间，日军又有援兵赶来，七一六团遂撤出战斗。此战，七一六团共毙伤日军300余人，击毁汽车20余辆。

日军继突破内长城防线后，于1937年10月13日沿平绥线南下进攻忻口、太原。图为中国军队不分昼夜地向忻口推进，以堵截南下的日军。

10月21日早晨，七一六团再次设伏于黑石头沟地区。上午9时左右，日军由南向北的200余辆军车和由北而南的数十辆军车正好都驶入该伏击区。七一六团居高临下，突然以猛烈的火力向日军发动袭击，日军在8架飞机的支援下进行反扑，七一六团毙伤一部分日军后撤出战斗。

七一六团在雁门关的两次伏击战中，共歼日军约500人，击毁汽车20余辆，一度截断了繁峙至忻口之间的交通，迟滞了日军对忻口前线的增援，给忻口正面防御作战的国民党友军以有力的配合。

雁门关伏击战中
被击毁的日军汽车

吕梁

LV LIANG

用生命书写革命信仰——贺昌

贺 昌

贺昌（1906—1935），原名贺颖，又名其颖，字伯聪，山西柳林人。1912年进入柳林镇小学堂读书，1918年考入离石县立高级小学校（今贺昌中学）。1920年考入省立一中，开始接受马列主义启蒙教育，后任太原团地委书记，曾当选为中共第五、第六届中央委员会委员。大革命失败后，先后参与领导了南昌起义、平江起义，协助邓小平策划了百色起义。1931年5月，调入中央革命根据地，坚持斗争直至壮烈牺牲。

……………………

吕梁自古英雄辈出。在这片英雄的土地上，诞生了我党早期杰出的青年运动与工人运动的领袖，著名的无产阶级政治活动家，山西地方党团组织的创始人之一——贺昌。从柳林县贺昌村走出的革命青年贺昌，用自己29岁的生命时光，谱写了一曲嘹亮的共产党人的信仰之歌。

1906年，贺昌出生在离石县柳林镇（今属柳林县）贺昌村。受家庭的熏陶和时局的影响，贺昌从小就树立了尚武报国、为民兴利除害的志向。“扛罢笔杆再扛枪，经文纬武干一场，颈血常思敌国溅，寸心久欲报家邦。”这是1919年贺昌在其班主任刘菊初老先生民主思想的影响下，写下的一首荡气回肠的《壮志歌》，当时他仅有13岁。

1920年，贺昌随父亲来到太原，进入省立一中读书。在太原上学期间，贺昌结识了高君宇、王振翼等进步青年，开始接触并学习马克思主义学说，并在太原、吕梁等地开始传播马克思主义思想，思想觉悟有了很大提高，立下了“应社会之要求，做中坚之人物”的宏伟志向，走上了革命道路。

1921年5月，贺昌与高君宇等共同创建了山西第一个社会主义青年团组织——太原社会主义青年团。贺昌是山西早期马克思主义思想的重要传播者，革命运动开展的重要指导者，也是吕梁马克思主义思想传播的先导者。

贺昌及妹妹贺毓秀在太原同父母的合影

1923年，贺昌由共青团员转为中国共产党党员。他先后在太原、北京、天津、上海等地从事青年工作和工人运动。1923年11月，贺昌参加湖南水口山工人罢工运动，1924年2月被派往江西安源从事工人运动，后任青年团安源地委书记。

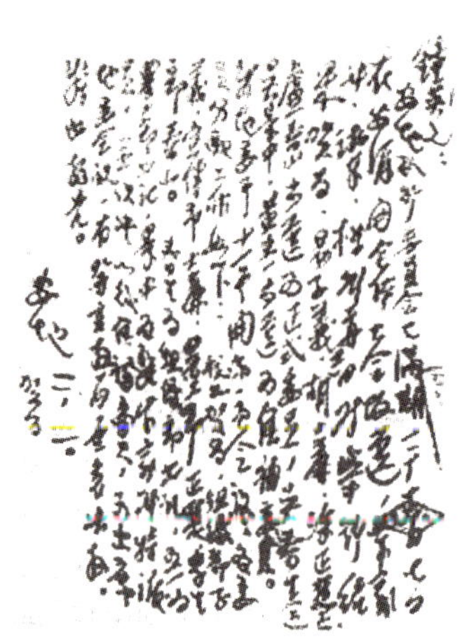

1924年春，贺昌被党组织调往安源从事工人运动。图为贺昌在安源起草的文件。

1927年7月中旬，贺昌被指定为中共前敌军委委员，8月参加南昌起义，后又参加广州起义的组织准备工作。1928年，贺昌参与重建中共湖南省委，选派干部，输送物资，支援井冈山革命根据地的斗争。

1929年夏，贺昌任中共广东省委书记，协助邓小平策划了百色起义。1930年春，贺昌任中共顺直省委书记，后又任中共中央北方局书记。次年，贺昌到达江西中央苏区，先后任中共兴国县委书记，中国工农红军总政治部副主任、代主任，协助王稼祥主持全军政治工作。

1934年10月，中央红军长征后，贺昌根据中央决定，留在江西会昌、瑞金一带坚持斗争，任中央苏区中央分局委员、中国工农红军中央军区政治部主任，与项英、陈毅共同领导了中央苏区的游击战争。1935年3月，贺昌率部向粤赣边突围，在江西会昌与国民党军作战时身中数弹，壮烈牺牲，年仅29岁，实现了他“寸心久欲报家邦”的崇高誓言。

英雄已经远去，但党和人民没有忘记。1984年，柳林县为纪念贺昌修建了贺昌烈士陵园。2015年，柳林县政府在陵园内修建贺昌纪念馆、贺昌雕像。如今，贺昌烈士陵园已是山西省爱国主义教育示范基地，每年都有数千人到这里缅怀革命先烈。

汾阳铭义中学

铭义中学校

汾阳铭义中学是现山西省汾阳中学的前身，位于山西省汾阳市英雄北路。铭义中学的前身为1906年汾州府创建的汾州府中学堂和1915年美国卡尔顿大学基督教公理会创办的教会学校——铭义中学。新中国成立后，铭义中学与汾阳周边其他中学合并组建为山西省立汾阳中学。

中国共产党初创时期，铭义中学就成为传播爱国思想、孕育进步青年的摇篮，也正是在这所学校，建立了吕梁第一个党组织——中共汾阳特别支部。自此，吕梁人民的革命斗争有了坚强的战斗堡垒和领导核心，红色火种开始在吕梁大地熊熊燃烧。

……………………

1919年五四运动爆发之后，以民主与科学为核心内容的新文化、新思想的潮流迅速影响晋西吕梁山区。1923年春，汾阳就有了党团活动，河汾中学的一名进步学生李舜琴由太原团地委侯士敏介绍加入中国社会主义青年团。同年夏，山西省城以外的第一个县城团支部——中国社会主义青年团汾阳支部诞生，李舜琴任团支部书记，并组织开展了河汾中学、铭义中学、崇德女校、神道学校及周边区域的爱国宣传活动。1924年，贺昌批准李舜琴由共青团员转为中国共产党党员，这是吕梁区域内发展的第一名党员。

1925年5月底，五卅惨案爆发后，吕梁响应山西省学联的号召，掀起了声势浩大的声援沪案反帝爱国运动。铭义中学、河汾中学的进步学生带头走上街头游行示威，散发传单，开展了声势浩大的宣传活动。年轻的学生经受了复杂的实际斗争的锻炼与考验，很快成长起来。1925年夏天至1926年初，铭义中学、河汾中学两校的许多学生由共青团员相继转为中国共产党党员，党团员达到数十人，党的力量迅速加强。

为了适应党组织发展的需要，同时也便于加强党的领导，1925

中共汾阳特别支部遗址

百年汾阳中学一角

年秋，经中共北方区执行委员会批准、中共太原支部指导，吕梁第一个党组织——中共汾阳特别支部在铭义中学正式建立。

中共汾阳特别支部建立后，领导了吕梁山区的学生运动、农民运动和工人运动，推动了国共合作。1926年12月，中共北方区执行委员会批准中共汾阳特别支部改建为中共汾阳地方执行委员会，下辖5个支部，即铭义中学支部、河汾中学支部、崇德女校支部、神道学校支部和一个小学教师支部，同时对柳林、临县、孝义等地党的工作进行了指导。

1927年7月，蒋介石发动“四一二”反革命政变，阎锡山彻底背叛革命。为了保存有生力量，中共汾阳地方执行委员会奉命撤销，党的工作被迫转入地下。从1925年中共汾阳特别支部成立之后，到1948年汾阳解放期间，整个革命战争年代，汾阳党组织几次遭到破坏又几次重建，但是中共汾阳特别支部所点燃的星星之火，培育了一大批优秀的共产党员，为吕梁的革命事业奠定了坚实的基础。

山西第一个县级红色政权
——柳林三交镇

图为柳林县三交镇。三交镇自古有“鼓击震两省，鸡鸣惊四县”之说，历来是兵家必争之地。

三交镇位于柳林县城西南约37公里处，1971年之前曾属中阳县。其西临黄河，因地处柳林、石楼及陕西绥德三县之间，故而叫作“三交”。三交镇自古就是黄河古渡，水陆码头，是方圆百里的政治、经济、文化交流中心，是陕晋两省四县交界处的商贸重镇。红军东征期间，这里诞生了山西第一个县级红色政权。

……………………

1936年，在日本帝国主义加紧侵略中国，中华民族处于生死存亡的危急关头，中国人民红军抗日先锋军突破黄河天险，毅然决然挺进山西，东征抗日。

1936年2月21日，东征主力红一军团一举攻克三交镇，第二天，中共中央即派毛泽民、黄石山等同志深入这里开展群众工作，播撒革命火种。

三交镇过去一直在阎锡山统治之下，群众对红军还不大了解，

1936年2月，中国共产党组织红军抗日先锋军，准备东渡黄河，开赴抗日前线。

红军深入三交镇附近村庄，开展群众工作，通过广泛宣传教育，粉碎了阎锡山污蔑红军的反动宣传。由于黄石山同志前几年就已经在黄河东沿岸开展了秘密工作，有一定的群众基础，所以工作进展顺利，很快便发展了10多名党员，建立了三交、坪上等三个村的党支部，广大贫苦农民翻身求解放的革命热情也十分高涨。面对大好形势，中共中阳县工作委员会认为创建苏维埃政权的条件基本成熟。

1936年2月26日，中共中阳县工作委员会在三交镇召开千人群众大会，成立了山西第一个县级红色政权——中阳县苏维埃革命委员会。当时，选举出三交镇比较有威望的人士李文才为苏维埃政府主席。中阳县苏维埃革命委员会成立后，领导贫苦群众打土豪、斗地主，让广大群众看到了翻身做主人的希望。

中阳县苏维埃革命委员会旧址

1936年3月中旬，阎锡山派陈长捷旅向三交镇进犯，4月初，三交镇再次被敌军占领，中阳县党政机关除部分干部转入地下斗争外，其余都随军队撤回陕北，中阳县地方游击队也转战到黄河以西活动。至此，中阳县苏维埃革命委员会告一段落。

尽管山西省第一个县级红色政权——中阳县苏维埃革命委员会建立时间不长，但其领导广大农民开展了轰轰烈烈的土地革命斗争，使广大民众看到了翻身求解放的希望，提高了革命觉悟，激发了革命热情。从此，苏维埃红色政权犹如星星之火，燃遍了三晋大地。

革命烈士刘胡兰

刘胡兰生前没有留下过一张照片，图为刘胡兰画像。

刘胡兰（1932—1947），出生于山西省文水县云周西村。全国抗战爆发后，刘胡兰积极参加村里的抗日儿童团，为八路军站岗、放哨、送情报，之后在云周西村做妇女工作。1947年1月12日，未满15岁的刘胡兰不幸被捕，英勇就义。

在山西省文水县，刘胡兰的英名与事迹深深铭刻在干部群众心中，她信仰坚定、视死如归的革命精神激励着一代又一代人励精图治，奋勇前进。

刘胡兰于1932年出生在文水县云周西村一个贫苦的农民家庭，母亲早早就去世了，继母积极投身于妇女救国会（简称妇救会）的工作，贫穷和磨难使她从小就懂得了生活的艰辛。

抗日战争全面爆发后，中国共产党领导山西人民开展救亡运动，文水县也成立了抗日民主政府。在艰苦动乱的战争年代，日本鬼子随时都有可能来村子里“扫荡”，刘胡兰常随情报员为八路军送干粮、传情报，八路军顽强斗争的精神在她的心里牢牢扎下了根。

1942年的时候，10岁的刘胡兰就当上了云周西村儿童团的团长，经常和小伙伴们一起站岗放哨、传送情报，掩护抗日干部，张贴抗日标语。

1945年11月，刘胡兰参加了文水县党组织举办的妇女干部训练班。训练班的生活非常艰苦，教室是借用的老乡的房子，课桌、课本都没有，铅笔只能领到半截，纸是翻过来的旧账本，睡的是铺着破草席的土炕，枕的是硬邦邦的砖头。有的人吃不了这种苦，中途退学了，但刘胡兰从来没有叫过一声苦，她觉得能学到文化，学到干革命的本领，这点苦算什么！刘胡兰紧紧地抓住这次学习机会，如饥似渴地了解着革命道理。经过40多天的学习，刘胡兰懂得了许多革命道理，思想觉悟有了进一步提高。

党的教育，先烈的鞭策，使刘胡兰更加无畏地在战争中锻炼与成长。回村后，刘胡兰担任云周西村妇救会秘书，与党员一起发动群众斗地主、送公粮、做军鞋，还动员青年报名参军。

1946年，刘胡兰向党组织提出了入党的申请。区委会经过讨论，认为她虽然只有14岁，但是表现和觉悟水平符合党员条件，批准刘胡兰为候补党员，年满18岁时再转为正式党员。

1946年9月，国民党军队占领山西省文水县。次年1月12日，由于叛徒出卖，刘胡兰不幸被捕。刘胡兰被抓到了观音庙之后，审讯她的是敌军特派员张全宝。面对敌人的威胁，刘胡兰坚贞不屈，大义凛然。她昂首挺胸，斩钉截铁地说道："怕死不当共产党！"

穷凶极恶的敌人当场铡死了被捕的6位革命群众，刘胡兰毫不畏惧，从容躺在铡刀下，牺牲时尚不满15周岁。

1947年春天，毛泽东主席听闻刘胡兰烈士的事迹后深受感动，挥笔写下了"生的伟大，死的光荣"八个大字。后因战争关系，此稿不慎丢失。8月1日，中共中央晋绥分局作出决定，追认刘胡兰为中国共产党正式党员，高度评价了她短暂而光辉的一生。

1956年12月，共青团山西省委作出纪念刘胡兰逝世10周年的决定，同时恳请毛主席为刘胡兰烈士重新题词。1957年1月9日，毛泽东第二次为刘胡兰亲笔题词"生的伟大，死的光荣"。毛泽东在不同年代为同一个人两次题写同样内容的题词，这在党的历史上是绝无仅有的。

位于山西省文水县刘胡兰村（原名云周西村）村南的刘胡兰纪念馆建于1956年，后于1957年、1976年两次扩建。馆前广场的汉白玉纪念碑上刻着毛泽东同志的亲笔题词：生的伟大，死的光荣。

晋绥边区革命纪念馆

晋绥边区革命纪念馆

晋绥边区革命纪念馆位于山西省吕梁市兴县蔡家崖乡蔡家崖村，地处晋西高原，吕梁山西麓，蔚汾河北岸。抗日战争和解放战争期间，蔡家崖曾是中共中央晋绥分局、晋绥边区政府、晋绥军区司令部所在地。抗日战争时期，在晋绥军民的浴血奋战下，日军始终没能西过黄河，延安得以远离战火。作为晋绥边区的政治、军事、文化中心，蔡家崖也被誉为“小延安”。

……………………

晋绥边区是我党在华北的主要根据地之一，抗日战争时期为晋绥抗日根据地，包括晋西北和大青山（绥远）两个战略区；解放战争时期为晋绥解放区。边区领导机关曾长期驻于兴县。

1937年，抗日战争全面爆发后，鉴于敌强我弱的基本态势和八路军的特点，中共中央确定的八路军作战方针是独立自主的山地游击战。广泛开展游击战争，就必须在敌后建立根据地。八路军第一二〇师于9月下旬进入晋西北地区的宁武、神池地区后，即配合国民党军侧击沿同蒲铁路南进之敌，半月间在雁门关截击日军运输汽车千余辆，一度夺取雁门关，截断敌后方交通线，有力地配合了忻口战役。同时，第一二〇师政治部和教导团干部700多人组成工作团，分赴晋西北地区，动员青壮年参军参战，组织游击队和自卫团，开始根据地的创建工作。

大青山地区是陕甘宁边区的北方门户，也是晋西北抗日根据地的外翼，战略地位十分重要。根据中共中央的战略意图，1938年6月，第一二〇师一部和地方武装组成大青山支队，由晋西北五寨地区挺进绥远北部（今内蒙古中部），在绥中、绥南和绥西地区建立地方游击队，开展抗日游击战争，开辟大青山抗日根据地，并逐步同晋西北根据地连成一片，构成晋绥抗日根据地。

1940年1月，中共晋西北军政委员会在兴县蔡家崖成立了共产党领导的统一战线的民主政权——山西省政府第二游击区行政公署，随后改为晋西北行政公署，晋绥军区司令部暨第一二〇师师部移驻此地，同时成立了中共中央晋绥分局。1943年11月，晋西北行政公署改为晋绥边区行政公署，简称晋绥行署。1945年，中共中央决定将晋绥行署之下设吕梁和雁门两个二级行署和绥蒙行署。1948年，晋西南全境解放，晋绥行署辖区范围向南扩展到黄河北岸的夏县、平陆、芮城等县。1949年2月，为了“打过长江去，解放全中国”的革命需要，中共中央撤销了晋绥边区。

晋绥边区从1938年初创到1949年撤销建制，其间由于战争形势的变化，根据地辖区也经常变化，幅员时大时小，但其战略地位极其重要。在抗日战争时期，晋绥边区是阻敌西进、保卫延安的前卫阵地；在解放战争时期，晋绥边区是中共中央和西北野战部队转战陕北的大后方。

晋绥边区老百姓支前运粮

阳泉

YANG　QUAN

正太铁路工人运动先驱——梁永福

梁永福

梁永福（1892—1973），出生于河北省束鹿县（今辛集市）小辛庄。14岁来到阳泉火车站当养路工，之后接触到革命思想，积极参与工会活动。1923年成为阳泉第一个共产党员，是正太铁路工人运动的领袖之一。

梁永福自幼家境贫寒，14岁背井离乡随兄到阳泉谋生，在阳泉火车站当养路工。当时，正太铁路法国当局对工人的剥削压迫极端残酷，养路工每天抡洋镐、扒石渣，劳动强度很大，但每月除了吃饭，只挣2元1角钱的工资，而法国总管每月的工资却有500元。尽管这样，工人动不动还要受罚，甚至被开除。为了生活，梁永福和工友们一样，在忍气吞声、小心翼翼干活的同时，心中却对洋人、工头充满了仇恨。

1920年代正太铁路上的阳泉火车站

1922年，北京劳动组合书记部派共产党员吴先瑞到阳泉站，帮助工人群众成立自己的组织，给工人讲革命道理。梁永福的阶级觉悟有了很大提高，懂得了工人为什么受压迫、受剥削，明白了要翻身解放，必须团结起来进行斗争，因此参加斗争非常积极，还在阳泉传习所成立时就第一个报了名。传习所改为工会后，梁永福被选为工会委员。在正太铁路大罢工和声援“二七”大罢工运动中，他都站在最前列，在截车斗争中起到决定性的作用。

1923年，“二七”大罢工失败后，梁永福被正太铁路法国总管开除，生计困难，被石家庄工会的负责人施恒清安置在石家庄，靠耕种维持生活，但他仍然坚持参加党的活动。1923年10月15日，经中国劳动组合书记部北方分部张志刚、正太铁路总工会施恒清介绍，中共北京区执行委员会批准梁永福加入中国共产党，梁永福由此成为阳泉地区第一位中国共产党党员，是党在阳泉地区播撒的第一颗革命火种。

1933年，正太铁路收归国有，梁永福领导的复工斗争取得胜利。1934年，正太铁路总工会改选，他被选为委员，1935年又调任石家庄正太铁路总工会常务委员会理事，从事专门的工会活动。他采取积小胜为大胜的斗争策略，为工友们争取到很多福利，深受工人爱戴。

1937年七七事变后，正太铁路被日军占领，梁永福不愿替鬼子做事，便怀着悲愤的心情，携家人离开铁路，到阳泉附近的甘河村租地耕种，维持生活。之后，又携家人回到家乡参加抗日斗争。

1946年初，梁永福被党组织派到石家庄开展秘密工作。他了解到，正太路局正在招收工人，就以老工人的身份到工务段当领班。1946年年底，梁永福在工会选举中重新当选工会委员。他在工会中利用合法身份，与国民党展开斗争，一方面为工人群众谋利益，一方面搜集情报，通过地下交通员送到解放区。1947年11月，石家庄解放。为了支援全国解放战争，梁永福任抢修工程队副队长，率领铁路工人日夜奋战抢修被战争破坏的铁路，荣立二等功。

此后，梁永福先后当选为中华全国总工会执行委员、中华全国铁路总工会副主席、中华全国总工会第八届执行委员会候补委员及政协第四届全国委员会委员。1973年10月，梁永福因病在北京逝世，享年81岁。

中共平定特别支部

中共平定特别支部旧址

中共平定特别支部旧址如今坐落在阳泉第一所市属普通高校——阳泉师范高等专科学校院内。这座青砖灰瓦、飞檐廊柱的古建筑可上溯到清朝乾隆年间，为当时平定州唯一官办书院——榆关书院所用。之后书院先后易名嘉山书院、冠山书院，光绪年间改为官立平定中学堂，是山西最早兴办新学的7所中学之一，民国元年改为平定中学校。中国共产党在阳泉地区创立的第一个党组织——中共平定特别支部，就诞生在这里。

……………………

经过五卅运动的洗礼，平定一大批进步青年学生在斗争中逐渐成熟起来，他们发表宣言，组织罢课和游行示威，积极开展反帝反封建运动，为党组织在阳泉地区的建立创造了条件，打下了基础。

深受马克思主义影响的平定中学学生甄华（甄梦笔），积极寻找党的组织，渴望加入中国共产党。1925年10月，甄华给国共合作时期的中国国民党山西省临时党部执行委员、共产党员王瀛写信，表达了自己的愿望。为积极发展党员，壮大党的组织，中共太原支部派共产党员王世隆到平定中学了解甄华的情况，向其介绍国民党一大召开的情况以及国民党改组、国共合作的意义。同时，要求甄华多注意同学中倾向革命的青年，做些社会调查，了解平定附近工农的生活疾苦和呼声。当甄华了解到国民党一大宣言之所以文字新颖、思想进步，是因为有共产党参与起草的结果，便再次提出了加入中国共产党的请求。

1925年12月，中共太原地方执行委员会成立，号召党员到农村、到基层开展工作，发展党员，建立党组织。1926年1月，中共太原地方执行委员会派王鸿钧、王世隆再次到阳泉，介绍甄华为中国共产党党员。同时，甄华又向王世隆推荐进步学生黄信诚、王彭年加入了中国共产党。王鸿钧代表中共太原地方执行委员会宣布三人组成中共平定特别支部，联络代号为“石艾德”（平定县古称“石艾”县，“德”谐音“特”），甄华为书记。从此，中共阳泉最早的党组织——中共平定特别支部正式诞生。

中共平定特别支部成立后，按照中共太原地方执行委员会指示开展工作，团结进步青年，积极发展党员，扩大组织力量，宣传革命思想，并向进步青年、学生推荐《共产党宣言》《向导》《新青年》等书刊。

中共平定特别支部是党在山西创建的第一批县级组织，是阳泉市最早的党组织。它的创建，是马克思主义从思想传播到有组织的实践活动的升华，是马克思主义与中国革命相结合迈出的实质性一步。

七亘大捷纪念碑

七亘大捷纪念碑通高5.42米，碑宽0.80米。正面碑文是共和国元帅徐向前题写的“七亘大捷纪念碑”七个大字。碑体两侧上部有步枪、红旗和五星组成的图案，碑体背面是《七亘大捷纪宰》碑文。

七亘大捷纪念碑位于阳泉市平定县东回镇七亘村。巍巍太行，分割山西、河北两省，古有“太行八陉”，即穿越太行山的八条咽喉通道，位于太行山脉中段、晋冀两省交界处的七亘村，就是“八陉”之一。七亘村在平定县城东50公里处，位于晋东边陲，东临石门关，与固关、娘子关互为唇齿，西扼太行山中部咽喉，是由河北测鱼进入山西平定的必经要塞。这里山崖陡峭，峡谷深长，山路狭窄且蜿蜒曲折，是娘子关南边的又一重要的战略要地。

七亘大捷是发生在1937年10月，由八路军第一二九师师长刘伯承策划部署、三八六旅旅长陈赓指挥的歼灭日寇的经典伏击战。七亘大捷的用兵之妙在于：三天之内，连续两次用同一个部队，在同一个地点，伏击同一股敌人，以机动灵活充满用兵智慧的山地游击战术，取得了以少胜多、以弱胜强的重大胜利。

1937年七七事变后，日本发动了全面侵华战争。10月，娘子关告急。为解娘子关之急，1937年10月16日，八路军第一二九师师长刘伯承奉命率部到达平定，执行增援娘子关东线防御，侧击西进之日军的任务。19日下午，在平定县马山村马齿岩寺召开了由第一二九师师部、三八六旅旅部及七七一团、七七二团营以上干部40余人参加的军事会议。会后，刘伯承实地勘察了七亘村，布下了天罗地网。

入境山西，晋东有四道大门：山西平定县的娘子关、固关、七垣村石门关和昔阳县的九龙关。七亘大捷主战场就在石门关，后者自古有“石门锁钥”之称，是太行山中段的重要隘口，战略地位十分重要。1937年10月25日，刘伯承亲自到七亘村察看地形，决定以少数兵力正面牵制敌人，以主力迂回敌侧背。26日拂晓，三八六旅七七二团三营设伏在七亘村东西两侧的高岭。上午9时许，日军第二十师团辎重部队在200多名步兵掩护下到达高岭沟下，待先头步兵走过，三营随即发起攻击，以拦头、截腰、堵尾的战术将日军先头步兵、辎重部队、掩护步兵分割成三段。经过两小时的激烈战斗，除少数日军逃回测鱼镇外，我军击毙日军300余人，缴获骡马300余匹及大批军用物资，取得了第一次七亘大捷。27日晚，第一二九师指战员和地方党组织在晋冀交界处的东冶头村召开了祝捷大会。

第一次七亘大捷后，西进的日军第二十师团与后方交通联系被切断，大批军用物资堆积在测鱼镇急需向前方运输。刘伯承师长抓住日军迷信“兵无常势”的弱点，令三营九连于27日夜再次设伏于

七亘大捷主战场

七亘村。28日，日军辎重部队在一个骑兵中队、两个步兵中队掩护下果然仍循原路进发。三营战士冒雨伏击日军，击毙日军100多人，缴获满载军用物资的骡马数十匹。

第一二九师三八六旅七七二团在七亘村三日内连续两次伏击日军，歼敌400余人，缴获大量军用物资，取得了八路军自平型关大捷之后的又一次重大胜利，创造了我国现代军事史上著名的同一地点“重叠待伏”的著名战例，被收录于中外军事教科书中。

中共创建第一城——阳泉

位于阳泉市狮垴山公园中的中共第一城纪念碑长10.47米，高5.2米。5月2日为阳泉市解放暨建市纪念日。

阳泉市是山西省下辖的地级市，古称“漾泉”，是三晋门户，晋冀要衡，位于山西省中东部，北与忻州市毗邻，东隔太行山与石家庄市相望，西接太原市，南邻晋中市，总面积4 559平方公里，是一座新兴工业城市。

阳泉地处黄土高原东缘，属于山西东部山地。境内有万里长城第九关——娘子关，有藏山、翠峰山和冠山及冠山书院，著名作家石评梅故居，还有以百团大战纪念建筑群体为主的狮脑山森林公园。

……………………

1947年，人民解放战争即将转入战略进攻的前夕，晋察冀中央局和晋察冀边区政府从支援全国解放战争的全局出发，决定一旦阳泉解放，即从平定县划出独立设市。4月，晋察冀野战军发动了歼灭正太铁路沿线国民党守军的正太战役。5月2日，阳泉获得解放。5月4日，中共冀晋区党委、行署决定，阳泉镇及附近的平潭垴、平潭街和小阳泉3个村由平定县划出，设立阳泉市，成立中共阳泉市委和阳泉市人民政府，并任命智生元为首任市委书记兼市长。

市委市政府机关驻地为桥北街保晋巷。阳泉建市之初，曾先后由冀晋二专署和北岳二专署代管；1948年7月，由华北人民政府直辖；1949年1月，受华北人民政府委托，由石家庄市代管；1949年8月后，划归山西省管辖。

阳泉市委市政府机关下设市委组织部、宣传部、秘书室，同年7月又增设社会部、城工部等。全市划为一、二、三区及平潭垴、平潭街和小阳泉3个行政村。当时的阳泉市市界为：东至东营盘，西至平潭街，南至南山，北至平潭垴，面积约1平方公里。有街巷、胡同39条，农村3个，人口1万余人。中共阳泉市委市政府的成立，标志着中国共产党创建的第一座人民城市诞生。

从党的历史上考察，阳泉建市，在一个山区集镇有计划、成建制地组建一个崭新的市委市政府并能延续至今，这是第一次。土地革命时期，中国共产党遵循农村包围城市的道路，主要在农村建立

图为位于阳泉狮脑山森林公园内的百团大战纪念碑。百团大战纪念碑矗立在阳泉市区南6公里、海拔1 160米的狮脑山主峰上，这里是抗日战争时期名震中外的百团大战第一阶段的主战场之一。高40米的纪念碑主碑形如一把锋利的刺刀，其三个面上分别镌刻着彭真、徐向前、薄一波的题词。彭真的题词是“战绩辉煌，永垂史册”；徐向前的题词是“参加百团大战的烈士们永垂不朽”；薄一波的题词是“百团大战，抗日战争中最光辉的一页，必将载诸史册，永放光芒”。

革命根据地，其间虽占领过一些中小城市，但从未自主创建城市。八年全面抗战时期，中国共产党先后创建过19块敌后抗日根据地，到抗战胜利共占据近300座城市，但没有主动成功地创建城市。解放战争初期，毛泽东在《抗日战争后的时局和我们的方针》中，虽然提出了“中小城市是必争的”，也占领了一批中小城市，但总的军事方针仍是“不在一城一地之得失，重在歼灭敌人的有生力量”，所以当时没有精力创建城市。因此，阳泉成为中国共产党在全国胜利之前创建的第一座人民城市。

从20世纪80年代开始，阳泉市利用煤炭资源优势，经济得到迅速发展，一路领跑山西各市，被誉为“小上海”。现今，阳泉市致力于打造“五城同创”、晋东旅游中心城市、晋东交通综合枢纽和山西向东开放桥头堡。

晋中

JIN　ZHONG

太谷铭贤学校

1920年的太谷铭贤学校综合楼全景

铭贤学校（亦称铭贤学堂）是在美国欧柏林大学的资助下，由孔祥熙于清光绪三十三年（1907）在山西省太谷县创办的一所私立学校。1907年，美国欧柏林大学委托孔祥熙在山西省太谷县创办私立学校，取名铭贤学校。铭贤学校开始时是小学，继而是中学，最后成立学院，以“学以事人”为校训，为社会造就人才。由于师资优良，质量并重，铭贤学校逐渐名冠全国，被称为“三晋学府，私校典范”。1951年秋，铭贤学校在院系调整中被撤销，并由山西省人民政府接管改为山西农学院，成为当时山西省仅有的两所高等学府之一。1979年，更名为山西农业大学。

……………………

1925年6月，中国共产党太谷铭贤学校小组成立，张维琛任组长，这是晋中的第一个党小组。

1925年5月，上海爆发的五卅运动在中国共产党的领导和推动下，迅速席卷全国，晋中各县的反帝斗争也由此掀起了高潮。在这场伟大的斗争中，中共山西党组织十分重视对晋中工农群众的发动和领导，其最重要、最直接的作用是促进了晋中党组织的诞生。

1925年初，张维琛在北京加入中国共产党后，返回太谷铭贤学校开展革命活动，他联合赵品三（赵振鑫）、韩俊义发动成立书报流通社，以卖书的名义，组织学生阅读《中国青年》《向导》《马克思主义浅说》等马克思主义书籍和其他进步刊物。五卅惨案发生后，张维琛、赵品三等人组织学生走出校门，走进社会，宣传演讲，推动太谷县反帝爱国运动的深入发展。6月25日，张维琛赴太原参加了省城市民声援五卅惨案大会，与中共太原党组织和共青团组织建立了联系。回校后，他立即介绍同学赵品三、郝金和入党，建立了中国共产党太谷铭贤学校小组。同时，根据中共中央关于国共合作的方针，组建了太谷铭贤学校国民党支部，中共太谷铭贤学校小组成员都以国民党党员身份开展各项工作。1926年3月，中共太谷铭贤学校小组党员发展到5人。

1926年6月，根据中共太原地方执行委员会指示，中共太谷铭贤学校小组改建为中共太谷支部，张维琛任书记，郝金和、赵品三负责组织和宣传。他们在上级党组织的指导下，声援北伐战争，积极发动群众。

大革命失败后，铭贤学校党员遵照省委指示迅速隐蔽，活动转入低潮。在白色恐怖下，共产党员陆续被迫离开太谷，党的组织中断。1929年7月，中共太原市委派人来太谷重新建立党组织。1930年8月，中共铭贤学校特别支部成立。翌年1月，支部主要干部被调走，党的组织再度中断。

约1935年，太谷铭贤学校正在建设中的嘉桂科学楼。

晋华纺织厂

晋华纺织厂是山西近现代重要的工业遗产。晋华纺织厂曾是华北地区最大的纺织企业，破产前是中国500家最大的纺织企业之一，彭真曾亲自为该厂厂训题词。

重修后的晋华纺织厂大门

……………………

晋中市榆次区顺城西街上，在繁华的高楼大厦间静静矗立着一座古朴宁静的青砖灰瓦欧式建筑，这里便是承载着三晋人民工业革命人文记忆的晋华纺织厂。1925年，在五卅反帝爱国运动的影响下，一场轰轰烈烈的晋华纱厂大罢工震惊中国北方，而主要参与这场运动的1 000余名工人便来自晋华纺织厂。

受工业革命的影响，晋华纺织厂的建筑融入了欧式风格。穿过厂门，高大的库房、整齐排列的厂房、高耸的水塔……充满年代感的建筑随处可见。厂房里，几排数十米长的纺纱机静静地守候在老地方。徜徉其间，昨日的轰鸣似乎又在耳畔回响，依稀可见晋华厂区昔日的辉煌，一种历史的沧桑感扑面而来。

1919年，榆次商业资本家贾继英（贾俊臣）等与山西银行经理徐一清、榆次县乡绅赵鹤年募集资金，创办了晋华纺织股份有限公司。1924年6月1日，厂区建成投产，随后改名为榆次晋华纺纱厂，成为山西省兴办最早、规模最大的机械纺织工厂，其产品享誉石家庄、天津、香港等地。

晋华纱厂由阎锡山提议创办，其大股东之一的徐一清是阎锡山夫人的叔叔，公司的经理曲佩环又是阎锡山的妹夫，有这样的办厂背景，晋华纱厂在山西实业界的地位可想而知。但是，纱厂工人的工作生活状况却十分恶劣，政治、经济上饱受压迫，终日生活在艰难困苦之中。

1925年5月，上海发生了震惊全国的五卅惨案。上海工人的反帝爱国运动极大地启迪了广大劳苦大众的心灵，在这样的时代背景与社会压迫之下，晋华纱厂的千余名工人和全国各地的工人阶级一样，在中国共产党的指引下，开始在沉寂中觉醒。五卅运动后，中共太原党团组织先后派遣王瀛、王鸿钧和邓国栋到晋华纱厂向工人传播马克思主义真理，发展党员、团员，建立党组织，成立工人纠察队。1924年秋天，晋华纱厂成立了团支部，这是晋中地区第一个中国社会主义青年团组织。1926年3月，由王瀛代表中共太原地方执行委员会宣布晋华纱厂党支部正式成立。

1926年7月，晋华纱厂厂方借故接二连三地开除工人，并颁发布告，禁止工人议论国事，限制工人参加集会，威胁工人如违抗规定，将送交政府严加惩办。

针对资本家的无理行径，中共榆次地方执行委员会决定发动工人罢工斗争，以维护工人的切身利益。榆次党组织经过周密研究，制定开展罢工策略，同时秘密组织起200多人的纠察队。准备工作就绪之后，以工会名义正式向厂方提出了不得随便开除工人以及增加工资、实行8小时工作制等正当的要求，遭到厂方的拒绝。

7月16日，晋华纱厂工人大罢工正式开始。阎锡山闻讯后，当即派出全副武装的学兵团驰援，把晋华纱厂包围得严严实实。面对武力胁迫，共产党员籍中发迅速向上级党组织作了汇报，最后决定罢工和示威仍按原计划推进。第二天，罢工工人冲破当局派来镇压工人的军警封锁线，举行声势浩大的示威游行，他们高举“晋华纱厂大罢工游行队伍”的巨型横幅，高喊着“打倒军阀，增加工资”

的口号，行进在榆次的街道上。游行队伍在工人代表的率领下，穿过西大街，进入榆次最繁华的北大街，将印有罢工宣言的传单向围观的人群散发。一时间，农民、手工业者、小商小贩和人力车夫纷纷自发加入到游行队伍当中。队伍越来越庞大，口号声此起彼伏，古老的魏榆大地如春雷滚过，气势磅礴。

面对奋起抗争的工人，资方企图扣押工会代表，愤怒的工人一拥而上，积极维护斗争先锋的安全。在斗志昂扬的工人队伍面前，资本家选择一面口头答应罢工条件以缓和形势，但过后拒不执行，一面派人收买工会组织负责人，并买通榆次各磨坊主，让其停止将粮食卖给罢工工人，企图以饥饿压迫工人复工。党组织及时识破了资本家的阴谋，采取了针锋相对的方针，首先由工会出面和各磨坊主达成协议，解决罢工工人的生活问题，继而组织工人到榆次周围农村广泛宣传，开展募招活动，扩大斗争影响。

在整个斗争过程中，中共太原地方执行委员会的领导人王世益、王瀛和邓国栋等同志不断前往厂内对罢工工人群体给予关心与支持，并且明确指出“坚持下去，就是胜利”，进一步鼓舞了工人们的斗志。

面对工人们坚持不懈的斗争意志以及相关影响不断扩大带来的压迫感，统治当局使出了最凶残的手段，他们在工人罢工的第40天，勾结阎锡山军队武装镇压，逮捕了秦金翰、李春秀等11名工人代表和思想进步青年，开除了300多名有志工人，罢工斗争遭受挫折。

大罢工遭镇压，使榆次的革命斗争形势急转直下，斗争中暴露身份的党团组织的领导人相继转移或被捕，被开除的工人生活困难，革命力量由发展状态进入低潮阶段。

10月5日，山西省学生联合会召开大会，由王瀛等人提议，通过了《援助晋华纱厂罢工决议案》并通电全省，省城各界和全省各县市舆论哗然，谴责阎锡山；同时，榆次党团组织也发动工人向当局施压。延至11月，阎锡山当局被迫释放了被捕工人，答应增加少量工资，罢工告一段落。

晋华纱厂大罢工是山西工人运动史上规模较大、坚持时间最长、影响最为深远的一次政治性大罢工，它点燃了革命的烈火，激发了广大工人和民众挣脱被奴役的锁链、团结起来争取自身利益的信念和决心，标志着晋中地区工人阶级开始登上政治舞台。中国共产党的重要创始人蔡和森评价说："北方党领导下的真正的群众斗争，开始于正太路石家庄的铁路工人，而发展于五卅运动后太原的罢工罢市和榆次纱厂的长期斗争。"

百年风雨，世纪沧桑。晋华纺织厂是中国近代民族工业发展史的缩影，经历了民族工业从无到有、从小到大波澜壮阔的发展历程。20世纪八九十年代，晋华纺织厂成为山西乃至华北地区最大的纺织企业。2011年11月，晋华纺织厂旧址被确定为近现代工业遗产。为了把晋华精神更好地传承下来，2016年，晋华纺织厂旧址保护利用项目"晋华1919"启动实施，老厂重新焕发出了活力，厂区的展览馆也成为晋中及周边地区各级党组织开展主题党日活动、探寻初心使命的首选地点。

麻田八路军总部

麻田八路军总部纪念馆

麻田八路军总部纪念馆坐落在距山西省晋中市左权县城南45公里的麻田镇麻田村的西南部，包括八路军总部旧址，邓小平旧居，左权、罗瑞卿旧居，北方局旧址，北方局党校旧址，新华日报社旧址，鲁艺学校旧址，太行新闻烈士纪念碑，左权将军殉难处等。抗日战争时期，这里是华北政治、军事、经济、文化中心，八路军总部、中共中央北方局等党、政、军首脑机关曾在此驻扎。彭德怀、刘伯承、邓小平、左权、杨尚昆、罗瑞卿等老一辈无产阶级革命家在此战斗、生活达5年之久，书写了争取民族独立和人民解放的篇章。

……………………

中共中央为促成全国抗战，自1937年2月起即就红军改编问题同国民党进行谈判，并在坚持共产党的绝对领导和独立自主原则的前提下作了一些让步。但由于国民党妄想借红军改编之机，取消、削弱和控制红军以实现其反动目的，因而几经谈判，直到8月才达成协议。8月22日，国民政府军事委员会根据国共两党谈判达成的协议，宣布红军主力改编为国民革命军第八路军。

8月25日，中共中央军委发布命令，中国工农红军第一、第二、第四方面军和陕北红军等部改编为国民革命军第八路军，红军前敌总指挥部改为第八路军总指挥部，朱德任总指挥，彭德怀任副总指挥，叶剑英任参谋长，左权任副参谋长，任弼时任政治部主任，邓小平任政治部副主任。

抗日战争全面爆发后，1937年8月中共中央召开洛川会议，制定了全民族全面抗战的路线和持久抗战的战略方针。八路军东渡黄河，开赴华北抗日前线。10月下旬，朱德率八路军总部由五台山区向太行山区转移，先由五台县南茹村到盂县上社、白水村，于10月31日抵达寿阳县宗艾镇。同时，总部另一路也由彭德怀率领由太原经榆次到达寿阳县龙泉镇。11月1日，朱德率部越过正太铁路，到达寿阳县景尚村，3日抵达和顺县马坊镇与彭德怀一路会合。11月6日，总部进驻和顺县仪城镇，7日又抵达和顺县石拐镇。总部进驻和顺后，立即召开重要军事会议，进行坚持华北敌后抗战动员部署。11月11日，朱德主持总部在石拐召开高级干部会议，传达了毛泽东主席关于八路军当前任务的指示，具体部署八路军第一二〇师、第一一五师、第一二九师分别以山西管涔山、吕梁山、太行山为中心，建立晋西北、晋西南、晋冀豫抗日根据地，坚持华北持久抗战。这是八路军开赴山西后第一次分兵作战开辟根据地的战略部署。随后，第一二九师也召开会议进行发动部署，史称“石拐会议”。11月13日，总部移驻榆社县城，八路军组织人员在城内发表演说、张贴标语，宣传党的抗日救国十大纲领，鼓舞民众的抗日救亡斗志。

此后，总部离开晋中，移驻武乡县，直到1940年百团大战后，同中共中央北方局一道于11月7日从武乡移驻辽县（今左权县）大林口村，后又进驻武军寺村，并在武军寺村驻扎了236天。在武军寺村，总部进行了百团大战的战役总结，继续领导华北敌后抗战。由于日军几次发动以摧毁八路军指挥中枢——八路军总部的奔袭“扫荡”，武军寺村房屋遭受严重破坏，总部办公的大殿和庙院被焚烧殆尽，敌人还向彭德怀等人居住的房子施放了毒气。

总部于1941年7月再次转移，移驻麻田镇，在此指挥华北军民坚持抗战。其间，北方局和总部下属的后勤部、保卫部、野战政治部、军工部、第一二九师司令部、北方局党校、华北《新华日报》

社、冀南银行、朝鲜义勇军华北支队等单位也驻扎在周围村庄，使辽县成为整个晋冀鲁豫边区的首府。

当年的麻田，汇聚了一大批中华民族的精英。中共中央北方局、八路军、新四军及各敌后抗日根据地的领导人朱德、彭德怀、左权、刘少奇、杨尚昆、彭真、刘伯承、邓小平、徐向前、聂荣臻、陈毅、罗瑞卿、陆定一、杨秀峰、薄一波等老一辈无产阶级革命家都曾在这里工作，指挥华北军民进行了百团大战、响堂铺战役、黄崖洞保卫战等著名战役，给敌人以沉重的打击，推动了整个华北根据地的巩固和发展。麻田这个太行小镇，成为当时华北敌后抗战的政治、军事中心，并因其历史地位突出、贡献卓著，被誉为“小延安”。

麻田地处太行峡谷之中，在清漳河畔，一向有“晋疆锁钥，山西屏障”之称，为历代兵家必争之地。其地理位置独特，位于晋冀

1941年，左权在山西辽县麻田八路军总部做报告。

豫三省要隘，距周围辽县、黎城、涉县县城较远，易守难攻，日军不易突袭。加之麻田四周群山环绕、奇峰耸峙、壁立千仞，似一道天然屏障，将麻田围护其中。

麻田的山巍峨挺拔，高耸入云；麻田的水清清冽冽，奔流不息。1942年，彭德怀等总部首长带头开展大生产运动，根据清漳河的自然条件，在麻田村口凿开了一条大水渠，安装了人力水车，把1 000多亩旱地变成水田。开渠的时候正值早春，冰虽初破，风犹刺骨，向来身先士卒的彭德怀又第一个跳下齐腰深的泥水之中。1942年秋，严重的灾荒之后，八路军总部机关干部、战士在大坝一侧建成了辽县历史上第一座10千瓦的小型电站。第一次见到电灯的民众倍感鼓舞。他们还在清漳河畔淤滩造地，拓荒种菜，把荒无人烟的干河滩开垦成菜园。无人居住的河滩引来了老百姓，从一户人家增加到50多户人家，清漳河畔便有了一个名叫“菜园村”的村庄，如今这个小村庄仍然兴旺发达。

在八路军总部驻扎期间，辽县是一个只有7万人口的山区小县，在大生产运动中，这里新修滩地1.8万亩，粮食生产超计划1万多石（1石为60千克）。华北根据地大生产取得了辉煌成就，军民同舟共济，战胜了困难，打破了敌人的“囚笼”，度过了灾荒时期，进入了新的发展阶段。

岁月尽管艰苦，但八路军连续几年都取得了辉煌胜利。抗日战争进入1945年，日寇败局已定，抗战胜利的曙光即将到来。新年伊始，中共中央北方局、八路军总部和第一二九师司令部相继发出集中优势兵力，向敌人发动进攻的命令。各根据地八路军首先对敌伪展开了进攻。晋冀鲁豫各战场集中指挥，分线作战，规模大、攻势猛，仅春季就进行大小战斗2 300余次，歼敌3.78万人。8月15日，日本宣布无条件投降。同日，中共中央决定八路军总部和中共中央北方局由太行迁往延安。

抗战时期，八路军总部曾在山西70多个村庄驻扎，在麻田驻扎时间最长，达5年之久。麻田八路军总部走出了共和国的6位元帅、6位大将、19位上将、48位中将和300多位少将。

一代抗日精英汇聚太行，在太行山上运筹帷幄。八路军总部指挥华北抗日根据地军民与侵略者进行了艰苦卓绝的八年全面抗战，终于同全国人民一道，赢得了近代以来中华民族抵抗帝国主义侵略的第一次胜利，在中国人民抗日战争史上写下了光辉的篇章。

左权将军殉难处

左权将军纪念亭

左权将军殉难处位于左权县城南60余公里的麻田镇北艾铺村，因正岭呈东西走向，连绵起伏数十里，和大小不等南北走向之山岭交错，状似“十”字，取名十字岭。殉难处建有左权将军殉难处汉白玉纪念碑一块，左权将军临时埋葬处石灰岩纪念碑一块，后又建纪念亭、左权将军铜像等。2015年，为纪念抗战胜利70周年，左权县在此建了一座英烈墙，将在左权县牺牲的2.2万余名英烈的名字铭刻在英烈墙上，以此缅怀先烈、激励后人。

投身大革命洪流

左权原名左纪权，1905年出生于湖南醴陵，是中国工农红军和八路军高级指挥员，著名军事家。

青年时期的左权追求进步，积极参加各种爱国活动。上中学时，他开始接触马克思主义，立志从戎，决心为打倒帝国主义、打倒军阀，为变革中国社会而努力。1923年，左权考入广州陆军讲武学校，次年11月转入黄埔军校第一期学习。1925年1月，左权加入中国共产党。从此，为实现共产主义而奋斗成为他的坚定信仰。

在校期间，左权组织领导青年军人联合会的进步青年，与国民党右派及反动分子进行坚决斗争。从黄埔军校毕业后，左权加入攻鄂军，积极投身于大革命的洪流，参加了一系列重大革命斗争和军事行动，并出色地完成任务，受到周恩来的表扬和苏联军事顾问的嘉奖。

1925年12月，党组织派左权到苏联莫斯科中山大学学习。1927年秋毕业后，左权遵照党组织的指示，到伏龙芝军事学院继续深造。1930年6月，左权回国，被中央派往闽赣革命根据地中央苏区工作。在出发前，他给家里写信："我虽回国，却恐十年不能还家，老母养赡托于长兄，我将全力贡献革命。"

战斗在中央苏区

左权到中央苏区后，先后任中国工农红军军官学校第一分校教育长、新编红军第十二军军长、红一方面军总司令部参谋处长、红十五军军长兼政委、红一军团参谋长等职，为培养红军干部、保卫闽西苏区、推动红军参谋工作的发展作出贡献。在赣州、漳州等战役中，他率部英勇作战，展现出很强的组织和指挥能力。

在参加中央苏区历次反"围剿"作战后，1934年10月，时任红一军团参谋长的左权率部参加长征。长征中，他参与指挥了抢渡大渡河、攻打腊子口等一系列战斗，多次率部队掩护红军主力行动，为中央红军长征的胜利作出突出贡献。

红军到达陕北后，为了巩固和扩大陕北苏区，又发动了西征和东征战役。1936年5月，左权任红一军团代理军团长，率部参加西征作战。1936年10月，红军三大主力在甘肃会宁胜利会师。同年11月，在西征战役中，左权和聂荣臻指挥了被誉为战斗典范的山城堡战役。山城堡战役是第二次国内革命战争的最后一战，经此一战，粉碎了国民党军对红军和陕甘宁边区革命根据地的进攻，对促进建立抗日民族统一战线，掀起抗日高潮起了重要作用。

奔赴山西抗日前线

1937年7月，抗日战争全面爆发，同年8月，国共合作抗日。红军主力改编为国民革命军第八路军，简称八路军，左权担任八路军副参谋长，协助朱德、彭德怀指挥八路军东渡黄河，奔赴华北抗日前线，开展敌后游击战争，创建抗日根据地，粉碎日军多次的残酷“扫荡”。

在八路军总部，左权是最年轻的高级指挥员。他比朱德小20岁，比彭德怀小7岁。左权十分敬重朱德、彭德怀，而其高超的指挥艺术，严谨缜密的参谋业务，扎实的工作作风，也深受朱德和彭德怀的赞扬。左权不仅有着丰富的作战经验，同时也有深厚的军事理论功底。他善于从战争中学习，在军事理论、战略战术、司令部工作和后勤保障工作等诸方面都有许多建树。

为响应毛泽东提出的“提高军事技术，建立必要的军火工厂，准备反攻势力”的号召，从1939年7月开始到1940年初，在左权的具体指挥下，于山西武乡、辽县、黎城三县交界处的黄崖洞修建了一座规模较大的兵工厂，成为八路军在华北最大的军工基地。

1940年8月，左权协助彭德怀指挥八路军在华北敌后发动了震惊中外的百团大战。在百团大战前期，左权按照彭德怀的作战意图进行了近一个月的筹划和准备，在大战期间，大到战役的配合，小到每次具体战斗，他都精心筹划，全力以赴，力求克敌制胜。到1940年12月初，八路军与日军作战1 800余次，歼灭日伪军2.5万余人，摧毁日伪据点近3 000个，缴获了大批武器和交通、通信器材，破坏了敌人的运输供给线，取得了辉煌战果。

百团大战是中国抗日战争史上一次彪炳史册的战役，有力地打击了日军的嚣张气焰和“囚笼政策”，遏制了国民党顽固派妥协投降的暗流，振奋了全国人民争取抗战胜利的信心，创造了中国抗战史上的辉煌篇章。

百团大战的新闻照片在街头流动展览，鼓舞了敌后军民的抗战热情。

十字岭上壮烈殉国

1942年5月，日军出动3万余人，对八路军总部所在地太行抗日根据地进行“铁壁合围”大“扫荡”，形势十分严峻。左权分析敌我情况后指出：这次日军来势凶猛，妄图把我们消灭在太行山上，我们目前的处境是相当艰苦的；中共中央北方局、八路军总部、党校和整个后方机关都在我们周围，几千名同志的生命都担在我们肩上，我们一定要保护他们安全转移，跳出敌人的合围圈。出发前，他给远在延安的妻子写下最后一封家书，表示“愿在党的整顿三风下各自努力求进步，以进步来安慰自己，以进步来酬报别后衷情”。

由于战局形势陡变，仓促转移的几千人马滞留在山西、河北交界的十字岭地区，暴露了目标。5月25日，八路军转移人员已陷入日军的重兵包围之中。彭德怀、左权、罗瑞卿、杨立三等召开紧急会议，决定分路突围。由彭德怀、左权率总部及直属部队和中共中央北方局向西北方向突围。

在命令警卫连连长唐万成把彭德怀安全转移到敌包围圈外后，左权担当起全面指挥突围的重任。这时，日军加紧压缩对十字岭的包围圈，敌机不停地扫射、轰炸。左权指挥同志们加快突围，不断提醒大家：“不要怕飞机，要注意地面的敌人，加快速度冲啊！冲出山口就是胜利！”身边的同志向他请求：“参谋长，你走吧！这里我们来管！”左权坚定地说：“我不能离开战斗岗位，这里还有突围队伍，我怎么能不管他们，自己先走呢！”当他指挥大家冲到最后一个山口时，日军的炮弹呼啸着飞向人群，他急切地呼喊：“快卧倒！快卧倒！”战士们应声扑倒在地。突然，一发炮弹在左权身边爆炸，他在烟尘中倒下，身体多处被弹片击中，壮烈牺牲，时年37岁。

左权将军牺牲的消息震动华北大地。噩耗传到延安，中共中央领导人十分悲痛。毛泽东、朱德、叶剑英手持电稿，默默致哀。毛泽东给彭德怀发来电报：“感日5时电悉。总部被袭，左权阵亡，殊深哀悼……”

朱德对左权的牺牲极感痛惜，挥泪写下悼诗赠予左权妻子刘志兰，以志哀思：

名将以身殉国家，
愿拼热血卫吾华，
太行浩气传千古，
留得清漳吐血花。

1942年9月18日，太行区党政军民各界代表5 000多人在辽县县城举行盛大集会，并宣布为了永久纪念在辽县清漳河畔殉国的八路军副参谋长左权将军，将辽县更名为左权县。2009年，左权被评为“100位为新中国成立作出突出贡献的英雄模范人物”。

临汾

LIN FEN

红军东征永和纪念馆

红军东征永和纪念馆，坐落在晋西南山陕交界、黄河沿岸的一个偏远山区小县——山西省临汾市永和县。红军东征时期，毛泽东曾两次进驻永和指挥对敌斗争，留下了动人的红色传奇，形成了宝贵的东征精神。

图为红军东征永和纪念馆。红军东征在山西境内共历时75天，在山西这片黄土地上撒下了抗日的火种。为纪念红军东征这段光辉历史，山西省内建立了三处红军东征纪念馆，除永和县外，柳林县和石楼县也都有类似的纪念馆。

……………………

1935年10月，中央红军经二万五千里长征到达陕北，实现了战略大转移。此时，华北五省已是名存实亡，中华民族正处于生死存亡的紧急关头，全国人民一致抗日的呼声越来越高。陕甘苏区面临地域条件限制和被国民党军队包围的严重困难，毛泽东高瞻远瞩，认为红军东渡黄河转战山西，会有重大战略机遇，于是决定东征。1935年12月，中共中央在瓦窑堡召开政治局会议，提出了“抗日反蒋，渡河东征”的口号。

要訊

紅軍出動抗日討逆

渡河入晉

先後佔領晉中七縣前鋒已抵晉綏邊境

宣言願與一切抗日軍隊聯合抗日討逆

日寇對此焦急異常將先令宋哲元出馬

蔣介石至死不悟急令張學良赴晉督戰

《救国时报》1936年3月5日刊登的关于红军东征的新闻报道

伟人和时代同时瞄准了一个沿黄河一带从北到南分布着咀头、马家滩、永和关、于家咀、铁罗关等大小十几个渡口，东征红军进出山西比较理想的区域——永和县。1936年2月20日，东征红军的红十五军团、红三十军从石楼至永和之间的永和关渡口东渡黄河。

1936年4月13日至15日，中共中央在永和县赵家沟召开军事会议，作出了“逼蒋抗日，回师西渡”的战略决策。在关键时刻扭转了中国革命的乾坤，壮大了抗日力量，打开了抗战局面，史称“永和决策”。此后，红一军团和红十五军团从4月下旬逐步转移到黄河岸边，准备返回陕北。

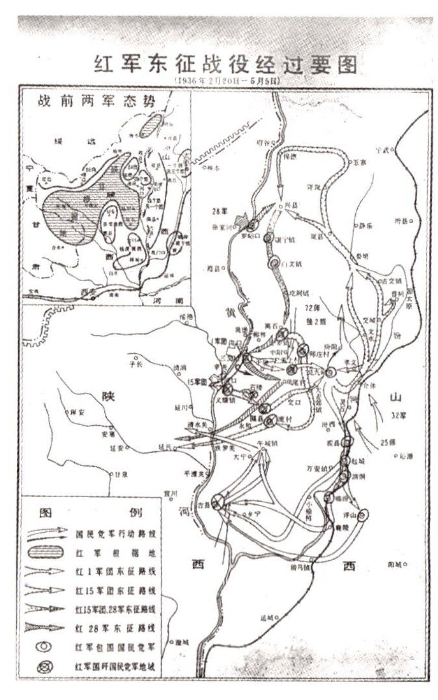

红军东征战役经过要图

1936年5月3日至5日，红军主力部队先后从延水关、永和关、清水关、铁罗关一带西渡黄河，返回陕北。5月5日，毛泽东在陕西杨家圪台签发了《停战议和一致抗日通电》，红军回师西渡宣告结束。

1936年5月14日至15日，中共中央在延川县太相寺召开了政治局扩大会议，会议对东征胜利的意义作了高度的概括和评价：打了胜仗，唤起了民众，筹备了财物，扩大了红军。

东征红军在永和两进两出，克敌制胜，在与敌人斡旋战场、为群众反奸反霸、壮大队伍、统一抗日战线的过程中，创造了革命战争史上的佳话，形成了艰苦奋斗、顾全大局、自强不息、勇于创新的革命精神，体现了中国共产党“为中国人民谋幸福，为中华民族谋复兴”的初心和使命。

1971年，中共临汾地委将永和县阁底乡的上退干村改名为东征村，修建了红军东征纪念馆。战火的硝烟散去，革命的火种和东征精神薪火相传。永和，这片曾沉淀昔日峥嵘岁月的红土地，正积聚起更大的力量，传承革命精神，焕发新颜！

刘村秦家大院

刘村（现为刘村镇刘南村）位于临汾市尧都区汾河西岸，距离临汾市城区12公里，是吕梁山脉姑射山下的小村庄。秦家大院是刘村有名的“红色大院”。抗日战争时期，八路军驻晋办事处在刘村创办了八路军学兵大队，大队部就设在秦家大院里。大队长何以祥曾在此居住数月，指挥作战；作曲家贺绿汀在秦家大院写下不朽之作《游击队之歌》。

当时的刘村八路军学兵大队是山西的“小抗大”

八路军学兵大队

七七卢沟桥事变后，日寇铁蹄大举对中国践踏蹂躏，北平、天津接连失守；“八一三”事变后，上海、南京相继沦陷，国难当头，中华民族到了最危险的时候。全国无数大中学校不是解散就是外流，一批又一批的青年学生迫不得已流亡着、奔波着，在战乱的迷茫之中寻找真理、寻找光明，寻找能够实现抗日救国理想抱负的真正途径。

当时，周恩来高瞻远瞩，当即指出：把积极要求抗日的流亡学生组织起来，让他们学习当一名抗日的八路军战士。随即，他提议为这个新生的组织命名为“八路军学兵大队”，取意为学生组成的八路军部队；学习当一名八路军士兵。

1937年太原沦陷前夕，中共中央北方局、八路军驻晋办事处由省城南迁至临汾，八路军驻晋办事处随即着手筹办学兵大队。八路军办事处主任彭雪枫决定在刘村挂牌成立学兵大队，招生处就设在秦家大院里。刘村很快便成了全国流亡大学生们向往的地方，“到刘村去!”成了爱国流亡青年学生一致的口号。没几天，刘村就云集了全国各地的600多名学生，八路军学兵大队在刘村庄严成立。

当时学兵大队的生活环境十分艰苦——祠堂是课堂，田野是训练场，老乡的家是营房，打麦场是剧场。正是在这样艰苦的环境中，学兵大队培养出了一大批信仰坚定的革命青年，把革命的火种撒播到祖国大地，生根、开花、结果。

1937年平津失守后，中共中央北方局迁到太原。八路军驻晋办事处坚守太原城至最后一刻，于1937年11月5日深夜撤往临汾继续开展工作。图为太原的八路军驻晋办事处旧址（原成成中学），八路军驻晋办事处是中国共产党和八路军在华北地区设立的唯一公开办事机构。

1938年2月27日临汾沦陷，学兵大队于1938年2月28日结业。在短短三个多月的时间里，学兵大队先后为八路军、新四军、华北各抗日游击队输送了近千名军政干部。

贺绿汀与《游击队之歌》

1937年“八一三”淞沪抗战爆发后，上海文化界组织救亡演剧队，准备奔赴内地和华北前线进行抗日宣传活动。贺绿汀也加入了救亡演剧队第一队。一路上，他们目睹了拖儿带女的难民像潮水一样涌往车站，西去的列车车厢顶上趴满了无家可归的难民。这悲惨的情景深深刺痛了大家的心，更激起贺绿汀和演剧队队员对日本侵略者的无比愤恨。不久，他们辗转到达山西临汾，在为阎锡山的部队演出时，打听到八路军办事处也正巧迁到临汾城西郊的刘庄，于是，队员们一致要求到八路军办事处去休整，去接受党的教育，去为八路军战士演出。

贺绿汀和队员们到达八路军办事处时，办事处主任彭雪枫亲自接待了他们，向他们介绍了许多八路军抗战的情况，组织他们听报告、参加政治学习，还给他们送来一批有关开展游击战的文件资料。贺绿汀参加过广州起义，对战场并不陌生，但还是第一次听到八路军运用游击战打败日军猖狂进攻的事迹，觉得十分新鲜生动。他去八路军总部新成立的炮兵团访问，指战员们告诉他，部队从陕西出发时还没有炮兵，是通过俘获日军的炮和收集阎锡山部队南逃时丢弃的炮才成立的炮兵团。贺绿汀脑中犹如电光石火一闪，出现一串串音乐旋律：“没有枪，没有炮，敌人给我们造！”一时间，零碎却彼此联系的音乐旋律充满他的脑海，一队队八路军穿着单衣，蹬着草鞋，踏着寒冬腊月的冰霜，从他的眼前闪过。枪声、人影化成了旋律、节奏，旋律、节奏又化成了枪声、人影。他已分不清哪是枪声、哪是旋律，感情的潮水融为跳荡的音符。炕上油灯里的油干了，灯草也快烧尽了，他的激情却一泻千里。最终，贺绿汀在刘村秦家大院里，连词带曲一气呵成了这首《游击队之歌》。

之后，这首歌迅速传遍全国，甚至敌占区的人们也广为传唱。强烈的社会反响使贺绿汀激动不已，他深刻意识到作为一个音乐工作者所肩负的神圣责任。他把《游击队之歌》看作是自己最有价值的创作之一，并从内心深深感到，住在上海的亭子间里，是写不出这样的歌曲的，只有深入八路军抗日部队，去体验艰苦的战斗生活并了解灵活机动的游击战术，才能创作出深受抗日将士和爱国民众所喜爱的歌曲。

1943年，贺绿汀随身带着小心翼翼珍藏起来的《游击队之歌》原稿，历尽千难万险，辗转数万里，终于到达他日夜思念的革命圣地延安。在王家坪八路军总部礼堂举行的文艺晚会上，毛泽东亲切接见了他，并非常高兴地赞扬他说："你的《游击队之歌》写得很好啊，你为人民做了好事，人民是不会忘记你的。"

1949年到达上海后，贺绿汀肩负着党的重托，在新中国诞生之初，担任了中央音乐学院华东分院（现为上海音乐学院）第一任校长。从此，他充满着激情和希望，不辞辛劳地认真管理学校，并充分发扬创作《游击队之歌》时的那种奋发向上的革命精神，为国家培养出一批又一批音乐人才。

官雀村临浮战役遗址

官雀村临浮战役遗址位于尧都区大阳镇官雀村四周。该村地处尧都区东20公里的丘垣上，这里北近涝河，南傍洰河，东临深沟，只有山腰一条路可通浮山，地形险要，视野开阔，历来为兵家必争的要地。

图为位于官雀村的一座老宅院，其墙体上的弹眼就是当时激烈战斗的见证。

……………………

解放战争初期，晋冀鲁豫军区第四纵队（即太岳纵队）正是在官雀村全歼了国民党“天下第一旅”整编第一师第一旅。

1946年9月，国民党集结重兵沿同蒲铁路北犯，抵达临汾。阎锡山则将其驻临汾的晋绥军4个师北调义棠、两渡一线，企图与国民党中央军配合，对太岳纵队实施南北夹击。此时，我军驻晋南的部队只有太岳纵队4个旅的兵力，如果要与在数量上、装备上处于优势的国民党军全面对抗，显然是不现实的。太岳纵队司令员陈赓遵照中央军委“集中优势兵力，各个歼灭敌人”的作战方针，决定捕捉战机，各个歼灭敌人。于是，我军调集第十旅、第十一旅、第十三旅秘密隐蔽于临（汾）浮（山）公路一线，待机破敌。

9月22日，自诩为“天下第一旅”的国民党整编第一师第一旅由尧都区县底镇出发，沿临浮公路东犯浮山，钻进我军布设的“口袋”。这支队伍系蒋介石的嫡系部队，武器装备精良，技术训练有素，中将旅长黄正诚曾留学德国，有“百战百胜将军”之称。

当天，敌先头部队第二团宿营官雀村，晚上即被我军包围，并于当夜被我军歼灭一部。23日凌晨，黄正诚闻讯率旅部及第一团东援官雀，被我军第十旅死死阻击于上陈一线，被迫夜宿陈堰村。而由翼城出发配合进犯浮山的国民党第二十七旅发现官雀告急，于是放弃浮山西援官雀，又被我军第十三旅堵截于西佐岭一带。23日晚，陈赓司令员命令我军第十旅、第十一旅分别向官雀、陈堰残敌发起总攻。进攻部队采取分割合围、强行突破等战斗方式，经过一夜激战，于24日5时许胜利结束战斗。

此次战役全歼国民党“天下第一旅”整编第一师第一旅，毙伤敌少将团长王亚武以下2 000余人，俘敌中将旅长黄正诚、少将副旅长兼参谋长戴涛、少将参谋主任顾铁及少将团长刘玉林以下2 500余人，缴获其全部美械装备。

9月26日，延安《解放日报》发表了《向太岳纵队致敬》的社论，给临浮战役以高度评价。社论指出：“……这与中原部队的胜利突围，苏中南线的七战七捷，陇海路与冀鲁豫的歼灭蒋军六师同为光辉胜利。对于粉碎蒋介石进攻，争取国内和平民主，有其不可磨灭的功绩。”临浮战役也被录入了军事教科书。

1960年，原临汾县人民委员会在官雀村中心、临浮公路南侧竖立纪念碑一座，以示永久纪念。2002年，石碑移至由原官雀小学改建而成的临浮战役官雀纪念馆内。

如今的官雀村

临汾战役纪念馆

图为纪念馆前徐向前元帅的全身像。临汾战役中，在徐向前元帅的指挥下，我军经过72个昼夜的激战，攻克了临汾城，取得了在解放战争中城市攻坚战的伟大胜利，并由此诞生了我军唯一一支以城市命名的师（旅）级单位——临汾旅。

临汾战役纪念馆位于临汾市区城南尧庙北面，是为纪念在临汾战役中牺牲的烈士们而建造的。

临汾是晋南的一座古城，传说尧帝曾在这里建都，城南的尧庙就是后人为纪念尧帝而修造的。临汾的城池非常坚固，城墙地基厚达60多米，城墙上面可并行两辆卡车。临汾西靠汾河天险，东临同蒲铁路，北面、南面均是一望无际的平原，易守难攻，是南同蒲铁路的咽喉，战略地位十分重要。

……………………

1947年，人民解放军转入全面反攻。1947年12月，人民解放军攻占运城之后，临汾成为国民党军队在晋南死守的唯一一座孤城。当时，驻守临汾的敌军有阎锡山的晋绥军20 000多人、国民党中央军3 000多人，统一由阎锡山的嫡系国民党第六集团军副司令员兼晋南地方武装总指挥梁培璜指挥。他曾扬言："临汾城牢不可破。"阎锡山亦数次电告梁培璜要"死守临汾""不得放弃"。

晋冀鲁豫军区于1948年2月成立了以徐向前为司令员的前方指挥所，统一指挥第八纵队、第十三纵队、太岳军区和吕梁军区部队共5万余人，进行临汾攻坚战。战役从1948年3月7日到5月17日总共进行了72天。整个战役分为两个阶段：3月7日到4月11日为第一阶段，即清除外围阶段；4月12日到5月17日为第二阶段，即攻克主城阶段。突破东关是第一阶段的重点。

3月31日，前方指挥所决定把主攻方向选在东关。4月1日，攻击东关的战斗打响。第八纵队第二十三旅从正北、第十三纵队第三十七旅从东南分头进攻，第十三纵队大部及太岳、吕梁军区的部队和第八纵队第二十二旅分别在主城的南、北、西三面牵制助攻。经过激烈的战斗，我军于4月11日攻占东关，从而打开了主城的门户。

4月12日，攻击主城的战斗开始。面对火力配备齐全、高大坚固的城墙，徐向前司令员决定实行坑道爆破。此后，我军将士一边进行战场练兵，一边组织工兵骨干，与晋东南前来参战的煤矿工人一同进行坑道作业，并同敌人破坏坑道的活动进行复杂的斗争。至5月16日，第八纵队第二十三旅在城东北方向挖的两条各长110多米的坑道终于挖到城墙底下，并分别填装了炸药。5月17日19时，一声巨响，城墙被炸开了两个各宽近40米的大缺口，我攻城部队奋勇攻城，并进行了激烈的巷战。至24时，战斗结束，临汾宣告解放。

临汾战役全歼守敌，俘虏敌第六集团军副总司令兼晋南武装总指挥梁培璜等众多军官，缴获大量的武器弹药及战备军需物资。至此，晋南地区全部解放，吕梁、太岳两大解放区连成一片，有力地配合了我军在中原和西北地区的作战，为我军进军晋中消灭阎锡山的主力部队创造了有利条件。

我军爆破手对临汾城墙工事进行突击爆破

长治

CHANG ZHI

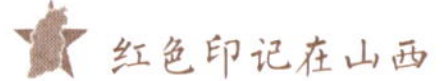

武乡——八路军总部所在地

武乡县位于太行山西麓，山西省东南部，长治市最北端，历史文化悠久，自然条件独特，430多处革命历史纪念设施、遗址和爱国主义教育示范基地散布其间，现存的馆藏国家级革命文物就达4 026件（套），是一座名副其实的“没有围墙的革命历史博物馆”。这里横跨太行、太岳两峰，境内群山环抱，沟壑纵横，自古就是屯兵用武的好战场，因此也曾被冠以“英武之乡”的美称。

八路军太行纪念馆

从1937年11月开始，八路军总部机关先后五次进驻武乡，八路军总部、中共中央北方局在东村、义门、寨上、王家峪、砖壁等地共驻扎536天，武乡在全面抗战岁月里占据着重要一页。朱德、彭德怀、左权、刘伯承、邓小平等老一辈革命家，在这里长期战斗和生活，指挥了敌后抗日根据地的游击战争和政治斗争，在抗日战争史上留下了光辉的一页，武乡被誉为太行山上的“小延安”。

…………………

1937年7月7日，卢沟桥事变拉开了中国人民全面抗日战争的序幕。红军主力部队改编为国民革命军第八路军，朱德、彭德怀率三师之众，东渡黄河，进入山西，开赴华北抗日战场。

八路军渡过黄河后一路北上，配合国民党部队参加了忻口会战，并于1937年9月在五台县南茹村指挥了著名的平型关大捷。1937年10月下旬，八路军总部由五台南茹村星夜南下，于11月14日在武乡县的段村（今县城）、东村路宿，朱德在段村给县牺盟游击队讲了话。

1938年4月初，日军兵分九路围攻晋东南，八路军总部由洪洞马牧，经沁县小东岭，于4月10日第二次进驻武乡县的义门、寨上村一带。4月16日，长乐一战，朱德总司令、彭德怀副总司令、左权副参谋长和第一二九师刘伯承师长及政委邓小平，指挥我军粉碎了日军的九路围攻。之后，总部机关于5月23日由寨上经沁县南底水、屯留故县镇，迁驻潞城县北村。1939年7月初，当日寇对晋东南抗日根据地发起第二次九路围攻时，总部由潞城北村，经襄垣普头，黎城河南、霞庄，涉清漳河，翻黄纪垴，于7月15日第三次进驻武乡，驻扎在东部山区号称“太行天险”的砖壁村。总部在此指挥太行军民粉碎了日寇对晋东南的围攻“扫荡”后，于1939年10月迁至距砖壁村西南10公里处的王家峪。

1940年6月，日寇占据段村前夕，彭德怀和左权又率领总部机关由王家峪返迁砖壁村，并在此部署和指挥了名震中外的百团大战。在百团大战第二阶段，由于日寇纠集重兵，连续“扫荡”太行腹心地区，总部于10月11日离开砖壁村连续转战，经武乡的石瓮，黎城的西井，武乡的拴马、宋家庄，于10月24日第四次回驻武乡，再次进驻砖壁村。百团大战第三阶段的关家垴歼灭战后，总部机关因暴露目标，于11月4日冒雨转移至辽县的武军寺，并成功领导了黄崖洞保卫战。1942年5月25日，左权在麻田十字岭殉国后，彭德怀又率领总部机关于27日再次进驻砖壁，并在此召开了左权将军追

王家峪八路军总部旧址

抗日战争时期，砖壁是八路军总部所在地。朱德总司令、彭德怀副总司令和左权副参谋长等八路军领导人曾在这里生活、战斗，进行过伟大的革命实践。图为八路军总部砖壁旧址。

悼大会，不久即赴太岳区，后又返辽县麻田镇。1945年8月，随着日本投降，中共中央决定撤销八路军前方总部及北方局，驻扎于抗日前线的八路军总部由此结束了其历史使命。

八路军总部驻武乡期间是八路军及抗日根据地发展壮大的关键时期。这一时期，抗日战争已进入战略相持阶段，敌后抗日游击战上升到主要地位；同时，国民党发动第一次反共高潮。内忧外患的形势下，总部首长在王家峪、砖壁运筹帷幄，指挥了反九路围攻、黄土岭战斗、百团大战、白晋战役、武沙公路破击战、平汉铁路破击战、砖壁保卫战等一系列战斗、战役，统一了全区党政军民的领导，并对根据地进行了巩固和建设，八路军部队也由刚进入山西时的8万人发展到40万人。

神头之战纪念碑

1988年3月16日，在神头岭之战50周年之际，当地政府在神头村东当年的伏击战遗址重新兴建了一座高大的“神头之战纪念碑”。纪念碑正面镌刻着徐向前元帅题写的碑名，背面为碑文。

神头岭位于山西省长治市潞城县东北12公里处，是邯（郸）长（治）大道的必经之地。抗日战争时期，八路军曾在这里打了一场继平型关大捷之后的又一场大胜仗。此战是一场典型的闪电式的围歼战，经过两小时激战，除少数敌人乘隙逃出伏击圈外，其余全部被歼灭。日军在后来的资料中记载：“这是一场一流的伏击战。”

……………………

1938年2月中旬，侵华日军为配合其津浦线作战，以其3万余人的兵力，从平汉、同蒲、道清［河南滑县（原道口）至博爱（原清化）］等铁路线，向晋南、晋西发动进攻。当时八路军第一二九师根据独立自主的山地游击战的战略方针，在正太线上积极开展游击战争，开辟根据地，建立和发展地方武装力量。

3月5日，第一二九师师长刘伯承、政委邓小平亲自来到三八六旅与旅长陈赓商议，准备在邯长公路的黎城、东阳关、涉县之间寻找敌人的弱点，伺机予以伏击。3月8日，部队进至襄垣以北的下良镇、西营一带，根据当时情况拟定了“在黎城、东阳关、涉县之线，寻求敌人弱点或诱其暴露弱点而痛击之”的作战方针，并立即开始进行周密的侦察和必要的作战准备。

邯长公路是晋西南的敌军从平汉线取得补给的主要交通线，沿线各县城都有敌军驻守。涉县驻敌400余人，黎城驻敌1 000余人且是敌人第一〇八师团的重要兵站基地，潞城驻敌3 000余人。沿线，敌人的运输车辆来往频繁。根据当时侦察的情况和“敌一处受袭他处必援”的规律判断，第一二九师制定了袭击黎城，吸引潞城的敌人来援，然后主力部队埋伏在邯长公路上的神头岭歼灭援敌的作战方案，即“围点打援”战术。

3月16日凌晨，负责“钓鱼”任务的三八五旅七六九团已经开始了对黎城的攻击。这支部队的指挥官是因奔袭阳明堡机场而一举成名的战将陈锡联，以擅长攻坚著称。他带兵一度攻入了黎城城区，伪装成将要大举进攻的样子，与日军展开激战。

由于事发突然，日军指挥官不知我军虚实，在反击的同时迅速向附近的潞城、涉县日军请求支援。涉县的日军指挥官比较狡猾，他们发现七六九团的伏兵后就缩了回去。而潞城的日军骄横不可一世，从不把我八路军放在眼里，1 500余名鬼子像条毒蛇似的向神头岭扑来。

神头岭伏击战中，我军进入伏击区。

16日9时，敌主力纵队先头进至神头村，稍事停顿，并派骑兵在附近侦察搜索。由于我设伏部队坚定沉着，伪装良好，隐蔽严密，敌军没有发觉。当敌主力完全进入我设伏区后，我各部队按照统一信号，向敌突然开火，发起攻击，向日军的汽车投掷手榴弹后，从公路两侧的工事里奋勇跃出，马上展开白刃战，对敌实施夹击，用刺刀、大刀枪奋勇刺杀、搏战。至11时30分，除百余个敌人向潞城方向逃跑外，其余全部被我军歼灭。13时，潞城留守之敌慌忙增援，被我第七七二团七连歼灭于神头村以南。14时，敌人又出动百余人来援，多数被我军歼灭，其余逃窜回潞城。

至16时神头岭伏击战胜利结束时，我军毙伤敌军1 500余人，俘获骡马600余匹，缴获各种枪支500余件，还有大量军用物资。这次战斗沉重地打击了入侵晋东南地区日军的嚣张气焰，打击了日军的后方补给线，有力地策应了兄弟部队在晋西地区的作战行动。

八路军第一二九师在神头岭战斗中缴获的日军战马

沁源围困战纪念馆

沁源围困战不如台儿庄战役惊心动魄，也不如平型关大捷声威远扬，但它却创下了一项前所未有的纪录——在两年半的时间里，沁源8万百姓克服百般困难，硬是没有人投敌当汉奸。图为沁源围困战纪念碑。

沁源位于山西省东南部，地处太岳山中，东有太行山屏障，西有吕梁山依托，南北向扼同蒲、白（祁县白圭镇，今东观镇附近）晋（城）铁路，东西向扼临（汾）屯（留）公路，可北瞰晋中南瞰晋南，地理位置十分优越。抗日战争时期，沁源是八路军太岳抗日根据地的腹心地区，是太岳区的经济、政治、文化、军事中心。

沁源围困战是1942年11月到1945年4月，沁源军民在中国共产党的领导下众志成城，长期围困入侵沁源的日军，迫使日军不断缩小据点最终弃城逃窜的战役，是中国共产党领导的敌后抗战的典型战例之一。沁源围困战纪念馆位于沁源县中部的交口乡信义村，距县城15公里，由纪念碑、纪念馆、资料中心、影视演播厅四部分组成，展出图片和实物共计220余件。

……………………

百团大战后，冈村宁次调任侵华日军华北方面军最高司令长官，其主要工作是维持治安，清剿作战——对八路军的“讨伐战”。而沁源的特殊地位对敌人产生了很大威胁，于是冈村宁次指挥日军对沁源进行了多次“扫荡”。

1942年10月，日军第二次侵占沁源县，企图使沁源伪化，实现其“山岳剿共实验区”的恶毒计划。沁源县抗日军民同仇敌忾，为打击日军，八路军太岳军区决定，对日军开展长达两年半的围困战。

11月，太岳军区建立了围困沁源指挥部，组成了13个游击集团。围困战开始后，太岳军区首先开展了空室清野大行动，把水井填死、碾磨炸毁、粮食运走，隐匿到深山老林与敌人周旋，用麻雀战、伏击战、破击战、冷枪战等手段，昼夜困扰、打击敌人，使日军失去了赖以生存的物质条件。并将日军据点和交通要道周围20多个村镇的1.6万多人转移到深山密林，把日军围困在一个“没有人民的世界”。接着又掀起“抢粮运动”，组织大家连夜摸进敌人据点将其抢劫的粮食转运出来。一夜之间，竟有万余军民出动，后来又发展到“劫敌运动”，不仅夺回敌人抢走的牛、羊等财物，而且连敌人的军用物资衣服和靴子也“劫”，使敌军惊恐万分，惶惶不可终日。“家家造石雷，人人埋石雷”，在敌人的补给线上到处埋下石雷，给敌人一次又一次沉重打击。

在围困沁源的战斗中，群众自制的多种多样的地雷发挥了巨大的威力。图为瓦缸式地雷。

1943年1月，敌人不得不从白晋路调第三十六师一部换防，撤掉安泽、阎寨、中峪店等据点，紧缩阵地，集中兵力守备沁源城关和交口两点，并加修二沁（沁县至沁源）公路。为此，我军把围困重点放在二沁公路和沁源城关。指挥部把受过训练的民兵编成轮战队，在二沁公路上和城关的据点周围甚至敌人住处，遍布地雷，武装部队对敌人进行不断地袭击、阻击，敌人死伤惨重。

8月，敌人又调第六十二师团一个大队换防。沁源军民越战越勇。1944年春，沁源党政军民实行总动员，对敌人发动了更大规模的围困战，在交通线上、敌人据点周围布雷1.5万余颗，封锁敌人，使其寸步难行，敌人处境极度困难。4月11日，困守沁源的日军在沁县1 000余日军的接应下弃城逃窜，被迫撤离，历时两年半的沁源围困战取得胜利。在两年半的围困战中，沁源军民共作战2 700余次，毙伤日伪军4 000多人，俘获日伪军200余名，解救被抓群众1 700余人。

沁源围困战是中外战争史上的奇迹，成功创造了对占领我腹心地区之敌进行斗争的范例，当时就受到中共中央的重视和表彰。1944年1月17日，党中央机关报《解放日报》特地发表了《向沁源军民致敬》的社论，指出“模范的沁源，坚强不屈的沁源，是太岳抗日民主根据地的一面旗帜，是敌后抗战中的模范典型之一”。

图为收复沁源县城后，抗日军民在日军修筑的碉堡上欢庆胜利。

屯留老爷山——打响解放战争第一枪

老爷山，原名三嵕山，在长治市屯留县城西北25公里处，为上莲乡属地。本山由三座山峰组成，三嵕即三座山峰聚在一起之意。因当地人对所有神灵盖称“老爷”，而山上神庙颇多，故俗称“老爷山”。抗日战争期间，八路军和县大队、游击队、民兵以老爷山为依托，和侵略者展开了长期不屈不挠的英勇斗争。1945年，闻名中外的上党战役主战场就在这里。

图为老爷山著名的宝塔——莲花舍利塔。古塔塔身弹痕累累，是上党战役在老爷山打援围歼战时留下的，这些痕迹永久地刻下了这段历史的印记。

……………………

日本投降后，国民党蒋介石为抢夺抗战胜利果实，一面邀请中共中央主席毛泽东赴重庆谈判，一面以受降为名，调集大批军队向解放区发动进攻，企图消灭中共领导的解放区和人民军队。1945年8月中旬，国民党军第二战区司令长官阎锡山秉承蒋介石旨意，以其第十九军军长史泽波率第十九军、第六十一军一部等1.7万人入侵晋东南，占领了八路军从日伪军手中解放的襄垣、潞城以及被人民武装包围的长治、长子等县城，其军部率3个师驻守长治（以长治为中心的地区，古称上党郡），其余部队和地方团队守备襄垣、长子、屯留、潞城和壶关等县，企图以此为依托占领整个晋东南。

为了保卫抗战胜利果实，中央军委命令晋冀鲁豫军区坚决歼灭进入上党地区之敌。晋冀鲁豫军区司令员刘伯承、政治委员邓小平遵照军委指示，针对史泽波所部孤军深入、守备分散的特点，决定以所属的太行、冀南、太岳军区部队及地方武装共3.1万余人，在解放区人民群众的支援下，首先逐个夺取长治外围各城，吸引史泽波的主力从长治出援，力争在运动中予以歼灭，尔后收复长治。

为了打好上党战役，晋冀鲁豫军区认真进行了战前准备。首先，将各军区在抗日战争时期组建的游击兵团编组成太行纵队、冀南纵队和太岳纵队，从而实行由游击战向运动战的转变。其次，在军民中广泛进行政治动员，号召大家为保卫抗战胜利果实而战，并提出“打好上党战役，支援重庆谈判”的口号。

9月10日，战役正式发起。太行纵队首攻屯留，太岳、冀南纵队设伏打援。11日，长治守军出动6 000人增援屯留，中途稍与打援部队接触，即畏惧被歼而退缩长治。12日，我军攻克屯留。13日，太岳纵队攻击长子县城时，以太行、冀南纵队打援。但长治守军不敢出援，打援意图无法实现。刘伯承、邓小平当即放弃打援计划，令各部迅速夺取外围各城。至19日，襄垣、长子、屯留、潞城、壶关均为我军攻克，共歼灭国民党军7 000余人。9月20日，各纵队开始合围长治。刘伯承、邓小平决定由城的东、南、西三面同时攻城，虚留生路于北关，诱使史泽波部北窜而在野战中予以歼灭。24日，各部队开始攻城，但遭到史泽波部的顽强抵抗，攻城未果。

由于上党告急，阎锡山急令第七集团军副总司令彭毓斌率第二十三、第八十三军和省防军等部共2万余人，由祁县地区向长治增援，以期解史泽波之围。28日，刘伯承、邓小平在判明彭毓斌的行

屯留老爷山

动企图后，决定采取攻城打援的战法。以冀南纵队及地方武装佯攻长治，以太行、太岳纵队北上打援，将援军歼灭于襄垣、屯留之间地区。

10月2日，打援部队与增援敌军在屯留西北的王家渠地区遭遇，打援部队立即将彭毓斌的部队包围于屯留老爷山地区。被围困的国民党军凭借优势火力拼命顽抗，战斗十分激烈，打援部队多次攻击未果。刘伯承、邓小平遂决定抽调围困长治的冀南纵队北上参加打援，只留下地方部队继续围困长治。为避免彭毓斌作困兽之斗，部队攻击时采用“围三阙一”“虚留生路”的战法，即在北面敞开一个口子，争取在运动战中将其歼灭。10月5日，彭毓斌部向北突围，太岳纵队一部立即堵死敌人逃路。随后，打援部队以跟踪追击、平行追击、超越追击、穿插分割等战术手段，将敌援军各个歼灭，彭毓斌被击毙。

被围困于长治的史泽波见援兵无望，于10月8日黄昏带领余下的人马弃城向西逃窜。上党战役终于进入到最后阶段。到10月12日下午，晋冀鲁豫军区出动的两支精干部队向逃敌发起了总攻，经过3个小时的激战后，连史泽波在内的近万名敌军全当了俘虏，历时30余天的上党战役终于胜利结束。我军全歼蒋介石13个师共3.5万多人，生俘了3.1万人，除沁县外，晋东南地区全部解放。作为解放战争的第一仗，上党战役不但加强了中国共产党在重庆谈判中的有利地位，打破了蒋介石、阎锡山企图迅速占领全华北的野心，迫使蒋介石不得不在《政府与中共代表会谈纪要》即“双十协定”上签字，同时也打乱了国民党策动内战的日程，为人民解放军的反击赢得了时间。

上党战役纪念合影

晋城

JIN　CHENG

濩泽中学旧址

濩泽中学，原名山西省泽州府中学堂，成立于1902年，1913年改为濩泽中学，旧址位于山西省晋城市城区北大街西侧泽州县委党校内。20世纪20年代，云集于此的进步师生率先声援五四运动，掀起新文化运动高潮，接受马克思主义启蒙。濩泽中学成为党在晋东南宣传马克思主义的主要阵地。

图为晋城革命的摇篮濩泽中学旧址。1901年，山西开始创办新式中等教育，最早设立的中学堂是1902年创立的位于今晋城市的泽州府中学堂、今忻州市的忻兴中学堂（原秀容书院）、今运城市的绛州中学堂，以及位于今阳泉市于1903年由冠山书院改建的官立平定中学堂。

……………………

1919年，五四运动爆发后，晋城各界积极响应，濩泽中学首先罢课，师生们聚集在晋城广场游行示威，声援北京学生的反帝反封建爱国运动。学生们走上街头，高呼“外争国权，内惩国贼”“取消二十一条”等口号，呼吁各界立即行动起来，以爱国为己任，将斗争进行到底。在学生们的影响下，许多市民、小商人也加入到游行队伍中。官府出动警察阻挠，强迫学生复课，但进步学生同警察进行了坚决的斗争，直到北洋政府罢免了卖国贼，拒签《凡尔赛和约》，释放了学生，师生们才复课。

1925年，上海五卅惨案的消息传到晋城后，濩泽中学师生随即罢课，会同崇实中学学生及各高小学生举行集会、示威游行，散发传单，向群众介绍五卅惨案的经过，晋城各界人士纷纷罢工举行集会，声讨英国、日本帝国主义的野蛮行径。两次学潮为晋城党组织的建立奠定了思想基础。

1925年年底，晋城一批在北京、太原等地的热血青年周玉麟、陈立志、成乃身、张绳组等，按照中共太原地方执行委员会的指示，趁寒假返乡之际，深入乡村、学校、厂矿，开展马列主义的宣传和组织工作，支持和帮助濩泽中学的学生成立了晋城学生联合会，使濩泽中学成为当时晋城宣传马列主义和反帝反封建斗争的中心。

1926年4月，陈立志在濩泽中学建立了晋城第一个党小组——中共晋城濩泽中学小组，陈立志任组长。同年5月，按照中共太原地方执行委员会的指示，中共晋城濩泽中学小组改组为中共晋城濩泽中学支部，陈立志任支部书记，下设5个党小组。中共晋城濩泽中学支部直属中共太原地方执行委员会领导。

晋城党组织创始人陈立志

随着晋城党组织的蓬勃发展，经上级领导部门批准，1927年1月，在陈立志主持下，中共晋城濩泽中学支部在濩泽中学召开党员代表会议，选举产生了中共晋城地方执行委员会，陈立志任书记。中共晋城地方执行委员会设有组织、宣传、工人工作、青年工作等机构，归中共北方区执行委员会领导，下设濩泽中学、大德针厂、高都垂棘小学、南马匠、东常村、省立四师（山西省立第四师范学校）、屯留等党支部。从此，晋城人民在中国共产党的领导下，踏上了建立新中国的伟大征程。

抗战名曲《在太行山上》

抗战名曲《在太行山上》的诞生地位于陵川县佛山。

陵川县位于中原腹地，地处晋豫两省交界处，是镶嵌在太行之巅的一颗璀璨的明珠。佛山地处古郊乡、六泉乡一带，北至壶关县鹅屋乡，东至河南林县，东北至辉县，西至棋子山一带，其主峰在六泉乡六泉村西北，是南太行的最高峰，海拔1 791米，是历代名士登高望远抒发感情之地。

抗战名曲《在太行山上》的诞生地——佛山

……………………

1938年前后的陵川是山西唯一一个没有被日军占领的完整县，这里云集了国共双方党政军机关和要人，共产党人和国民党人都可以以公开身份开展各种抗日宣传活动。

1937年秋，大众话剧团“怒吼歌咏队”在开封成立，后来前往陵川。不久，冼星海随上海救亡演剧二队到达郑州。在得知阮章竞（洪荒）在陵川的消息，又听到“怒吼歌咏队”也在那里后，冼星海当即决定上太行山。到了陵川，冼星海见到了分别两年的阮章竞，更意外的是，他竟然还见到了以前的老朋友桂涛声。在关系中华民族生死存亡的历史关头，桂涛声、冼星海两人的会面，奏响了历史的最强音。

1938年2月，桂涛声、冼星海在陵川宣传抗日救亡、教唱革命歌曲时，亲眼目睹了陵川千山万壑、铜墙铁壁的太行山，感受到了民众高涨的革命热情。4月左右，桂涛声、冼星海在陵川县城的活动由于受到顽固派河北民军的排挤，于是二人带领抗日儿童宣传队向东部山区牺盟会活动地转移，在冶头、六泉一带继续排演剧目，宣传抗日，其间曾登上佛山排演。

5月4日凌晨，桂涛声、冼星海、李曼等人带领陵川抗日儿童宣传队出发登佛山，当师生们登上佛山顶时，一轮红日喷薄而出，大家不禁欢呼起来，披着围巾的民众小学女教师李曼激动地指挥队员们唱起了革命歌曲。

红日照耀着巍巍太行山，闪耀着熠熠光芒。李曼站在山顶，教队员们唱救亡歌曲的伟岸和傲然，给人以无穷的力量。目睹当时的情景，桂涛声、冼星海两位艺术家顿时有了灵感，即兴创作了歌曲《在太行山上》，并由抗日儿童宣传队在佛山首唱，下山后仍不断排练试唱。当时武汉成为抗日救亡的中心，周恩来等在武汉领导革命宣传工作，冼星海、桂涛声下山后就相继前往武汉。桂涛声离开陵川回武汉时将《在太行山上》的创作初稿寄给了李曼，并由李曼教陵川抗日儿童宣传队唱这首歌。

《在太行山上》的词作者桂涛声和曲作者冼星海

1938年7月前后，为了举行纪念抗战一周年的宣传活动，武汉掀起了抗日救亡的新高潮，回到武汉的桂涛声把《在太行山上》的歌词誊抄给冼星海，冼星海对曲谱进行了二度创作，使之成为一首当时国内少见的二声部的大合唱经典曲目，并在武汉开始演唱。10月，桂涛声将在武汉二度音乐创作的《在太行山上》歌曲寄给了太行山剧团的阮章竞，之后，阮章竞就组织太行山剧团排练和公演了这首大合唱歌曲。

《在太行山上》极大地鼓舞了全中国人民的抗日热情，起到了很好的宣传效果，特别是在太行山区影响最大，老百姓都会唱，到处都能听到“敌人从哪里进攻，我们就要它在哪里灭亡”的激昂旋律。《在太行山上》这首铿锵有力的战歌随即成了游击队队歌，鼓舞和激励着千千万万的抗日民众奔赴战场，根据地内也掀起了新的参军热潮、杀敌热潮。朱德总司令听了歌曲后，大加赞赏，并亲自把《在太行山上》的歌词抄录下来，随身携带，不仅自己学唱，还要求全军学唱、人人会唱。从此，《在太行山上》这首英雄的战歌，唱红了太行山，唱遍了全中国。

町店战斗纪念园

町店位于山西晋东南晋城市的阳城县，自古就是河南经山西通往陕西的中歇之地。町店战斗纪念园位于阳城县町店镇芦苇河边。1938年6月，日军经阳城向晋南进犯，八路军获讯后指挥第一一五师三四四旅六八七团、六八八团和第一二九师三八六旅七七二团主力，由长治等地前往町店芦苇河进行伏击。八路军在徐海东将军的指挥下，经过激烈战斗，毙伤日军近千人，重挫了日军的嚣张气焰。

町店战斗遗址

……………………

1938年4月，八路军第一二九师及友军一部在晋东南粉碎了3万余名日军的九路围攻，歼灭日军4 000余人，收复县城18座。图为八路军第一二九师在进行作战前动员。

1938年6月末，八路军粉碎了日军对晋东南根据地的九路围攻后，国民党第二战区副司令长官卫立煌发起了反攻侯马战役，包围了进犯曲沃的敌人。为解曲沃之围，日军第一〇八师团二十五旅团由河南北上山西晋城，企图打通从晋城经阳城到侯马的交通运输线。获此消息后，为配合卫立煌部作战，八路军总部决定以第一一五师三四四旅六八七团、六八八团和第一二九师三八六旅七二二团主力在阳城伏击日军。

各参战部队分别从长治、高平、沁水出发，昼夜兼程疾奔100多公里，于7月1日夜间赶到阳城北部。经过反复勘查和周密部署，最终选定在地势险要的敌军必经之处——芦苇河町店段设下埋伏。阳城县委县政府组织担架队、运输队参战，并组织县、区、村战地服务团，前往町店为参战部队服务。区、村自卫队布设岗哨，盘查行人，以防泄露军事机密，同时组织群众转移到安全地带。

7月3日早晨，敌机在町店一带盘旋侦察。上午10时许，日军第二十五师团50余辆汽车载着步兵、辎重由西面而来，进入我军伏击圈。这时，大批日军下车休息，有的还将枪架在河滩，跳进芦苇河洗澡。此时，埋伏在公路西侧的八路军战士突然向敌人开火，一时间，枪声大作，火光冲天，敌人被打得晕头转向。但敌人很快就稳住了部队，组织起了顽强抵抗，死不缴械。他们趴在汽车底下或躲在芦苇中向我军疯狂射击，我军伤亡不少。日军边拼命抵抗，边组织撤退，企图突围，但我军紧紧咬住不放，使其无法突围。20时许，日军大批援军赶到，最终于町店逃脱，我军随即撤出战斗。

当夜，指挥部分析判断，敌人可能估计我军会立即撤走，必然会组织反扑，于是决定六八八团和晋豫边游击支队继续在町店附近隐蔽待命，阻击来犯之敌，其余部队虚张北撤，以迷惑敌人。

不出所料，7月4日凌晨，敌军反扑而来，当其大队人马行至黄崖、八里湾附近时，我军弹药一齐射向敌人，敌军再次遭到重创。之后，我军迅速撤退至沁水境内。待敌人在炮火的掩护下，组织力量攻上我军设在张山的指挥部时，一个人也没见到。

经过两次伏击，我军共毙伤敌军近千人，生俘4人，击毁日军汽车30余辆，缴获战马130多匹、重机枪8挺、轻机枪30余挺、步枪900余支及大批军用物资。

2010年，位于晋城市阳城县的町店战斗纪念园落成，纪念园内的町店战斗烈士纪念碑碑名由原中央军事委员会副主席、国务委员兼国防部长迟浩田上将亲笔题名。

町店战斗是抗战以来八路军在晋城境内打的一次大胜仗。这场战斗不仅迟滞了日军的增援计划，有力地支援了晋南战场，再次打破了日军不可战胜的神话，而且极大地鼓舞了山西乃至全国抗日军民的士气。

1938年7月15日，重庆《新华日报》专门发文向全国作了有关町店战斗的报道。町店战斗作为仅次于平型关战役之后的又一次大捷被编入《辞海》和《中国军事辞典》。

无产阶级革命家——孔祥桢

孔祥桢

孔祥桢（1904—1986），又名孔叔东、孔叔鲁，晋城市泽州县巴公镇北堆村人。1904年11月生，1925年加入中国共产党，是晋城第一个被发展的中国共产党党员，长期在隐蔽战线工作。

20世纪初的中国，备受帝国主义欺凌蹂躏，满目疮痍。1919年五四运动中北平学生声势浩大的爱国示威行动，对晋城人民产生了巨大的影响，在晋城县立高小读书的孔祥桢也随年长的同学参加了本校反对帝国主义的活动。

1922年，孔祥桢考入晋城濩泽中学，这里反帝反军阀活动更加频繁，孔祥桢积极参加学校组织的活动，被爱国学生推选为本校学生联合会的负责人。

1925年11月，孔祥桢经陈立志、周玉麟介绍加入中国共产党，成为晋城第一个中国共产党党员。1926年初，孔祥桢赴太原参加学生代表会议，被留在中共太原地方执行委员会工作，任秘书一职，负责文件起草和学生运动工作。不久，他被组织派往苏联莫斯科中山大学学习，与邓小平成为同学。1928年，孔祥桢毕业后转入列宁格勒军政学院深造，与薛子正、傅钟、李卓然、蒋经国成为同学。1930年7月，孔祥桢毕业后回国。

1931年7月，因叛徒出卖，孔祥桢与刘澜涛、薄一波、安子文等大批党员被捕，被关押在草岚子监狱。监狱中的共产党员成立了一个党支部，推举孔祥桢任书记。1933年初，孔祥桢因病保外就医，又弄到一张“死亡证明”，在监狱销了号，就此重获自由，秘密回到晋城居住。

1934年，他前往北平寻找党组织，与中共中央北方局接上了关系。1935年，刘少奇任中共中央北方局书记后，向党中央提出营救在草岚子监狱中的多名干部的报告，获得中央批准，孔祥桢负责具体营救工作。在孔祥桢的多方努力下，1936年8月31日，关押在草岚子监狱的53名共产党员分九批出狱。

1936年10月，孔祥桢被中共中央北方局派到张学良东北军学兵队任政治教官，从此开始了隐蔽战线的生活。学兵队实际上是中共地下党领导的革命组织，这支队伍在震惊中外的西安事变中发挥了重要作用。西安事变后，孔祥桢又被派到陕西杨虎城旧部原国民革命军第十七路军的陆军第三十八军作上层统战工作，深受十七师师长赵寿山信任，为第三十八军之后的战场起义奠定了基础。1942年3月，由于受到蒋介石通缉，赵寿山不得不将孔祥桢秘密护送到八路军总部，这就是轰动一时的第三十八军“孔叔东事件”。

1943年10月，孔祥桢到中共中央北方局党校参加整风学习，任学习组长。学习结束后，他被派往豫西抗日先遣支队，任支队政治部副主任、中共豫西地方执行委员会委员兼宣传部长、统战部长。抗日战争胜利后，孔祥桢先后任新四军第五师（师长李先念）交际处副处长，晋冀鲁豫中央局城工部（即城市工作部，主要任务是领导敌占区地下党工作和向国军部队派遣工作）部长，中共中央中原局常委兼组织部副部长、城工部部长等，重点做国民党军的策反工

1955年，孔祥桢率中国政府工业谈判团赴苏联谈判时在莫斯科红场留影。

作，争取了多支国民党军战场起义，为全国解放战争的迅速胜利立下功劳。

中华人民共和国成立后，孔祥桢历任国家建委党组副书记、副主任，交通部党组书记、常务副部长，轻工部党组书记、第一副部长。“文化大革命”期间，孔祥桢遭到迫害，1978年底平反后，历任全国政协常委、中纪委常委、中顾委委员等职。1986年5月，孔祥桢逝世，《人民日报》纪念文章称其为“无产阶级革命家”。老战友聂真写诗悼念，有“品德高尚流芳远”“满腔热血荐轩辕”“策反立功智勇全”“鞠躬尽瘁搞工业”“烈火真金不怕煎”等句。这正是孔老的一生，也是那个热血年代无数革命先烈的一生。

运城

YUN CHENG

河东特委革命活动旧址

河东特委革命活动旧址位于夏县水头镇上牛村北堆云洞。堆云洞是一座全真教道观，距夏县县城25公里，始建于元代初年，距今已有800余年。因建筑群远观如云朵叠加，进穴崖而入，洞阶相连，故名“堆云洞”。堆云洞建成后，又历经明清时期不断扩建，形成了房上建房、院中寻院、洞里藏洞、层叠构筑的建筑奇观，有

图为运城夏县堆云洞。堆云洞的建筑设计十分精密，革命先烈嘉康杰曾在这里秘密印发文件和传单。堆云洞院中有一口水井，里面暗藏机关，是当年嘉康杰与敌人周旋时的脱身密道。

“小布达拉宫”之称。1922年，著名的革命活动家嘉康杰在此创办了平民中学，广招学生，传播新文化、新思想，播下了尽燃三晋大地的革命火种。1928年，中共河东特委在这里成立，并在此秘密活动长达十年，领导晋南人民开展了艰苦卓绝的革命斗争。夏县堆云洞堪称晋南革命的摇篮。

…………………

1927年，“四一二”反革命政变后，国共合作破裂，党组织遭到破坏。同年11月，在瞿秋白主持下，中共中央临时政治局在上海举行扩大会议，由于“左”倾思想的影响，会议认为中国革命目前是从民权主义急转直下进入了社会主义革命的“无间断的革命”，否认大革命失败之后处于低潮的事实，反而认为各地暴动的条件已经成熟，并制定了全国武装暴动的“总政策”，号召全党向中心城市进攻，以农村暴动配合城市暴动，企图实现全国总暴动。

为贯彻落实中共中央临时政治局11月的扩大会议精神，中共山西临时省委于1928年2月11日在霍州召开扩大会议（史称霍州会议）。会议通过关于发动山西省工农暴动问题的决定，临时省委计划利用阎锡山当局预征1929年钱粮之际进行农民暴动，将全省划分为7个暴动区，河东地区为其中之一。同时为了加强党对各暴动区的领导，会议决定成立平（遥）介（休）特委、汾阳特委、洪（洞）赵（城）特委、晋城特委、河东特委5个特委和太原市委、阳泉市委2个市委。

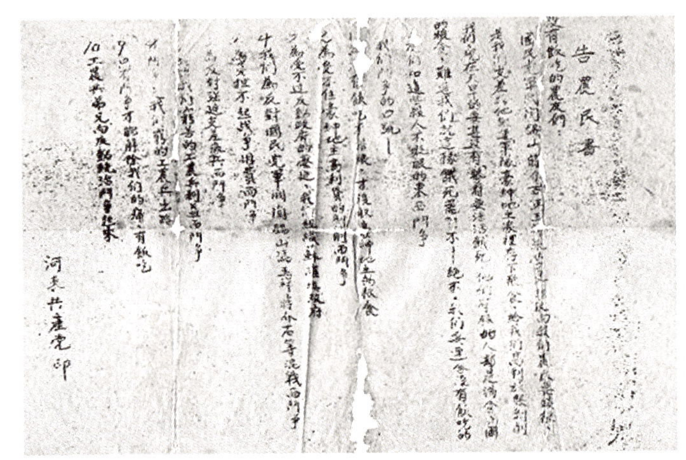
告農民書

没有飯吃的農友們：

河東共產黨印

河东共产党印发的传单

霍州会议精神向中央报告后，周恩来代表中央在1928年3月26日起草的《关于山西工作的指示信》中指出：“中央认为你们这种决定错误了，你们显然是犯了盲动主义的错误”，“……如此而要在全省化成几个区域暴动起来，便是拿暴动开玩笑，是盲动”。但由于受严酷的政治环境和落后的通讯条件影响，中共山西临时省委与中央失去联系，这一指示精神并未及时传达到山西，霍州会议后，临时省委领导分赴各地准备武装暴动。

为了统一领导河东地区的武装暴动，1928年6月，中共山西临时省委在夏县堆云洞召开了河东党员代表会议，夏县的嘉康杰、冯彦俊（冯天祥）、祁金兰，闻喜的仇奎山，解县的范希鑫、安邑的李尔明、吴子章、邵田、李昌和、牛守仁等20余名党员代表参加了会议。会议分析了广州起义失败之后的形势，简要传达了中共山西临时省委霍州会议精神，研究确定下一步革命斗争的方针和策略。为了加强党对运城地区的领导，根据临时省委决定，成立了中共河东特委，冯彦俊任书记，范希蠡为副书记。

中共河东特委是运城第一个统一的全区性领导机构，在运城党的发展历史上具有里程碑式的重要意义。特委成立后，一方面积极着手筹备武装斗争，进行武装暴动的尝试；另一方面在极端艰难的环境下积极组织领导工人、农民和学生运动。在特委的领导下，运城地区党员人数一度发展到119人。之后，因形势发生变化，山西党组织和运城党组织遭到破坏，陷入极端困难的局面。到1929年年初，全区有组织关系的党员仅20余人，但仍坚持活动。

绛县红军游击队

绛县历史悠久，文化底蕴深厚，是尧文化、龙舞文化、晋文化等的发源地。公元前540年，晋平公设置绛县，自此绛县成为中国历史上第一个县城，有“天下第一县”之说。

绛县，隶属山西运城，地处山西省南部，太行之末、中条之首，是一个群山环抱的县城。这里的人民勤劳淳朴，善良勇敢，历史上就有着反抗压迫的光荣传统。

绛县是晋南建党较早的地区之一，为了革命的胜利和人民的解放，绛县的党组织率领广大人民群众，不屈不挠、英勇顽强地与国民党反动派进行了殊死斗争。由绛县县委书记曹金海于1934年创建的绛县红军游击队是运城党组织最早组建的一支具有一定规模、斗争时间较长的革命武装。

……………………

曹金海，又名曹静海，绛县郇王村人，中共绛县地方党组织创建人之一，河东第一支革命武装的组织者。曹金海家境殷实，他年少聪颖好学，喜兵尚武，常为蒙童之首。曹金海早年就读于村塾，痛感广大农村贫困落后，穷苦农民濒临绝境，乃立志拯救国家与民族，寻求富民强国的道路。

1929年春，就读于运城中山中学的曹金海在学校里受到著名革命人士、共产党员嘉康杰的影响，参加了学校党的外围组织读书会。曹金海在读书会里阅读了《共产主义ABC》《新青年》《向导》等革命书刊，与思想进步的同学一起研讨中国革命的前途，不断受到共产主义思想的教育和启迪，思想上逐渐成熟为一个共产主义战士。

1931年3月，经嘉康杰介绍，曹金海加入了中国共产党，并受中共河东特委的委派，赴新绛县任中共绛垣中心县委组织委员。同年，根据中共河东特委的决定，曹金海返回绛县筹建党的组织，开辟党的工作。为隐蔽方便起见，他在本村开了一间杂货小店，以经商为名，秘密开展党的活动。

1932年3月，在河东特委负责人嘉康杰的主持下，中共绛县支部在郇王村成立，曹金海任支部书记。同年8月，中共河东特委根据斗争形势的需要和绛县的组织建设状况，决定成立绛县县委。9月4日，中共绛县县委在郇王村成立，曹金海任县委书记。9月中旬，嘉康杰与曹金海两人到中条山回马岭考察，在池崖庙召开了中共绛县县委扩大会议。会上，两人重点传达了中共中央北方局、中共山西特委关于在山西组织兵变、成立红军、创建革命根据地的指示。会议决定深入宣传发动群众，搜集武器，建立武装组织，开展武装斗争；注意发现和选拔军事人才；建立以回马岭为中心的革命根据地；提高警惕，严格组织纪律，做好保密工作；组织民众，打击罪大恶极的土豪劣绅；等等。这次会议对运城党组织开展武装斗争起到了重要的指导和推动作用。

中共绛县县委根据中共河东中心县委关于"要组织武装"的指示精神，把发展革命武装作为头等大事来抓，他们多方动员，说服了7名旧军队返乡人员参加革命，于1933年春在郇王村的洞子窑召开了会议。会议认为当务之急是筹集武器，作出了从三个途径筹集武器的决定，一是从敌人手里夺取武装，二是发动群众筹集，三是购买武器。会后，县委组织党员四处搜集武器弹药，为筹备组建革命武装积极准备。

1934年春，曹金海得知绛县一带来了一批河南药商，他们为了防身，每个人都携带有短枪和刀具，便决定把他们发展成为一支革命的武装。经仔细了解，这些河南人是以王信、常定国为首的由40多人组成的药商队伍，驻扎在里册峪。他们大多数是贫苦农民，苦大仇深，义气豪爽，对那些为富不仁的土豪劣绅和当局警察有着刻骨的仇恨，完全是可以争取改造的对象，而且其中许多人枪法准，一经教育即会成为革命的重要力量。曹金海与李新兵一起找到这些药贩子，与他们讲革命道理，以情感人，向他们宣传穷人要翻身，必须建立自己的武装，只有跟着共产党进行革命斗争，才能过上好日子的道理。经过教育，这些人表示愿意投身共产党，共同闹革命。

1934年4月25日（农历三月十八）是绛县华山庙的传统祭祀日，山上香客很多。为了扩大革命影响，绛县县委决定这一天在华山庙召开绛县红军游击队成立大会。会场设在华山庙的石坪上，以40多名河南药商为主的游击队战士列队会场。曹金海宣布绛县红军游击队正式成立并担任指导员，王信、申宏绪任队长，常定国任副队长。为筹措活动经费，曹金海毅然将自家的部分房屋、牲口、大车和土地等财产变卖，所得2 000多块银圆全部交给党组织。

绛县华山庙旧址

绛县红军游击队根据上级党组织指示，在农村开展了打土豪分田地、抗租抗捐等斗争，深受群众欢迎，同时也震惊了山西当局。1934年12月，山西省政府命令驻绛县的第七十二师一个连与绛县、垣曲两个县的保安队，联合围攻这支游击队，企图将它扼杀在摇篮中。面对敌人的“围剿”，绛县红军游击队凭借华山之险，居高临下，多次打退敌人的进攻。为了保存革命力量，三日后曹金海命令游击队趁着夜色撤退转移。当晚，战士们将衣服和被子撕成布条，拧成绳子，从华山东面的悬崖峭壁上向下撤退，在天亮之前突出重围。撤离华山之后，由于红军游击队没有根据地，革命武装面临生存危机。在此情况下，曹金海决定队伍化整为零，分散隐蔽。

绛县红军游击队撤离华山据点之后，由于没有根据地，加上封建军阀阎锡山像铁桶一样紧密封闭的高压统治，到处是敌人的警宪密探，游击队很难以生存，随即解体。

绛县红军游击队从成立到解体，共经历了8个月的战斗历程，虽然遭受了挫折，但是它点燃了中国共产党在绛县武装斗争的第一把火，在故绛大地播下了革命种子，为以后绛县回马岭革命根据地的建立以及抗日战争、解放战争时期的对敌斗争积累了宝贵经验，在绛县革命斗争史上留下了极其璀璨的一页。

河东群众领袖——嘉康杰

嘉康杰

嘉康杰（1890—1939），山西夏县人。早年参加辛亥革命、反袁斗争和五四爱国运动。曾两次留学日本，1921年回到家乡，致力于平民教育，先后在夏县、运城等地创办以太小学、夏县平民中学、运城河东中学等学校，积极宣传新思想，传播新文化，将一批进步青年培养成为革命骨干。嘉康杰为了革命牺牲了个人的一切，他的妻子惨遭日军杀害，12岁的儿子因病未及时救治而死亡。1939年，嘉康杰在返回中条地委驻地的路上，遭到国民党特务暗杀，时年49岁。

1911年辛亥革命爆发，刚20出头的嘉康杰满怀激情，剪掉发辫，投笔从戎，加入了革命党人李歧山部开赴临汾前线。清帝退位后，他解甲归田，重返高小读书。1914年，嘉康杰因在太原省立农业专科学校闹学潮，遭阎锡山通缉，被迫前往日本。1915年，嘉康杰回国后参加了反袁斗争，后又进入北京的法政专门学校学习。1919年，五四运动爆发，嘉康杰在北京参加了这一声势空前的反帝反封建斗争。同年，他从法政专门学校毕业后，再度赴日留学，寻求救国真理。1921年，嘉康杰返乡，并先后创办了多所学校，宣传新思想，传播新文化。

1927年，国共合作破裂，国民党疯狂捕杀共产党员，山西革命转入低潮，在这严峻的白色恐怖形势下，嘉康杰毅然决然地加入了中国共产党。面对严重的白色恐怖，嘉康杰临危受命，先后担任中共河东中心县委书记、中共河东特委组织部长等职，致力于重建和恢复党组织的工作。他不分昼夜，废寝忘食，长期深入基层群众中间，积极开展工作。到1933年，在当时晋南36个县中的32个县建立起了党的领导机关，发展了400多名党员，把党的组织由青年学生群体发展到社会各阶层，特别是贫苦农民当中。

图为嘉康杰入党时用过的党旗，现存于运城博物馆中。

1936年，红军东渡黄河进入山西，嘉康杰响应红军的行动，在夏县策动了农民武装暴动，建立红军游击队，担任总指挥。抗日战争全面爆发后，八路军入晋抗日，中共河东特委委托嘉康杰在闻喜、夏县一带为八路军扩兵500名。嘉康杰不分昼夜宣传扩军意义，发动亲戚、朋友带头报名参军，出色地完成了任务。12月，中共中央北方局在临汾召开山西党的活动分子会议，刘少奇称赞嘉康杰是河东“群众领袖”。

1938年1月，由于工作表现出色，中共山西省委送嘉康杰去延安抗日军政大学学习。这一年，嘉康杰48岁。同年3月，日军进犯运城，河东抗战形势严峻；5月，嘉康杰提前结业，返回河东从事敌后游击战争，先后担任中共晋豫特委（后改为中共晋豫地委）委员、军事部长、晋豫边游击支队供给部长等职，率领游击队战斗在中条山区，配合主力部队多次挫败日军的进犯。1939年9月，在中共晋冀豫区党委第一次代表会议上，嘉康杰当选中共晋冀豫区党委委员，并被选为出席中共七大的候补代表。国民党反动当局十分畏惧嘉康杰在晋南地区的影响力，1939年11月18日，在返回中条地委驻地的路上，嘉康杰遭到国民党特务暗杀，不幸牺牲，时年49岁。

嘉康杰殉难后，晋冀豫边区游击支队在阳城为他举行了追悼大会。《新华日报》（华北版）1940年1月17日发表了题为《悼念嘉康杰同志》的文章，高度赞扬了嘉康杰为革命奋斗的精神和作出的贡献。1952年5月1日，山西省人民政府为了纪念他，将“运城中学校”更名为“山西省康杰中学”。

关家村“十八兵站”

图为北垛分站院门。原关家村“十八兵站”旧址现已被黄河淹没。

关家村立村已有600多年历史，因关姓人居多而得名，原属垣曲县古城镇所辖，后整村迁入垣曲县新城镇。古关家村位于垣曲县古城镇南5公里处的黄河北岸之湾中，历来为兵家必争之地，历朝历代都在此设有兵营。抗日战争时期，第十八集团军在此处设有兵站，人们称之为“十八兵站”。

……………………

抗日战争爆发后，八路军在敌后建立了许多抗日根据地。为了便于指挥抗日战争，八路军总部设在晋冀豫边区的太行山区。后来按抗战战斗序列，八路军又编为国民革命军第十八集团军。1938年7月，第十八集团军在黄河北岸的垣曲县古城镇关家村设立了第二办事处，人们把它叫作“十八兵站”。在全面抗战初期，八路军总部主要通过这里与延安中共中央联系，后方的补充兵员和军用物资也通过这里源源不断地运往前方。

“十八兵站”属八路军总指挥部后勤部领导，其机构设于一个四合院内，内设政治处、押送股、行政管理股、运输队、军医股、警卫排和通讯班，全站共计450余人。兵站建立后不久，又在河南渑池县城东关和垣曲县同善镇北垛村等地设立了八路军兵站，共计主要有18个兵站。“十八兵站”的主要任务是组织和雇用民工，及时运送后方供应前线的作战物资；护送党的干部安全往返于太行山根据地和延安之间；开展统战工作，增进与友军的联系与合作；宣传党的全面抗战方针，扩大共产党和八路军的政治影响；掩护地方党组织开展工作及活动。

从1938年7月至1940年初兵站撤离，近两年的时间，先后多位领导同志路经垣曲，他们或由太行山回延安，或由延安返太行山，或在垣曲同第二战区副司令长官兼前敌总指挥卫立煌会晤，兵站保障了首长过往的绝对安全。

位于山西省晋城市阳城县的次滩兵站旧址

兵站的运行需要大量人力物力，当时仅有6万余人口的垣曲，先后有1万余人次参与了兵站的建设和工作。这些人中，有的是积极主动地投身于革命和抗日工作，有的一开始只是为了养家糊口，挣几块大洋而已。但在长期的工作中，他们耳濡目染、感同身受，许许多多的人从兵站的工作中走上了革命道路。

后 记

红色印记映初心，红色基因永传承。

红色资源承载着中国共产党波澜壮阔的革命历史，从遗迹、旧址到展呈文物，从文献、影像到史料家书，这些红色资源，都真实记录了中国共产党人践行初心、担当使命的奋斗足迹，体现了伟大建党精神。

习近平总书记在主持中共中央政治局第三十一次集体学习时强调，红色资源是我们党艰辛而辉煌奋斗历程的见证，是最宝贵的精神财富。我们必须始终赓续红色血脉，用党的奋斗历程和伟大成就鼓舞斗志、指引方向。《红色印记在山西》的结集出版，就是通过挖掘红色资源的精神内核，凝聚传播能量，用好红色资源，赓续红色血脉。山西广播电视台新闻广播节目中心的采编播人员采用新闻的方式寻访、整理、解读、讲述山西这片热土上的红色印记，也是在做红色资源的挖掘、保护、记载、存留工作，用好声音讲红色故事，体现了党媒姓党的政治品质，履行了党的新闻工作者的责任担当。

讲好红色故事永远在路上。2019年，新闻广播节目中心就制作了30集专题节目《红色家书·记忆》，一封封直击心灵的家书映照出共产党人的初心与使命。次年，我台和山西教育出版社合作出版《红色家书——共产党员的初心》。此次双方二度携手，完成红色故事“姊妹篇”，相信本书的出版，既能让红色资源鲜活起来，也能让红色文化更加具有感染力。

山西广播电视台党组成员、副总编辑

罗庆东

图书在版编目（CIP）数据

红色印记在山西 / 中共山西省委党史研究院，山西广播电视台新闻广播节目中心编. — 太原 ：山西教育出版社，2021.7
ISBN 978－7－5703－1716－5

Ⅰ. ①红… Ⅱ. ①中… ②山… Ⅲ. ①中国共产党—地方组织—党史—山西 Ⅳ. ①D235.25

中国版本图书馆 CIP 数据核字（2021）第 130495 号

红色印记在山西

HONGSE YINJI ZAI SHANXI

出版人	李 飞
出版策划	韩德平
责任编辑	李 磊
复　审	韩德平
终　审	彭琼梅
装帧设计	薛 菲
印装监制	蔡 洁

出版发行	山西出版传媒集团·山西教育出版社 （太原市水西门街馒头巷 7 号　电话：0351－4729801　邮编：030002）
印　装	山西新华印业有限公司
开　本	890 mm×1240 mm　1/32
印　张	6.5
字　数	156 千字
版　次	2021 年 7 月第 1 版　2021 年 7 月山西第 1 次印刷
书　号	ISBN 978－7－5703－1716－5
印　数	1—10 000 册
定　价	28.00 元

如发现印、装质量问题，影响阅读，请与出版社联系调换。电话：0351－4729588